高校审计信息化建设创新实践研究

周金星 张莉萍 著

中国纺织出版社有限公司

内 容 提 要

本书首先从高校发展与审计信息化的背景出发，在把握高校审计基础内容的前提下分析了高校审计信息化建设的研究意义。其次从顶层设计、平台搭建、应用实践三个方面，分别对高校审计信息化建设的战略规划、数字化审计平台建设、数字化审计实施流程展开了深入研究。最后对高校审计质量全面提升进行了展望。

本书力求对高校审计信息化建设创新实践展开全面的探索，对高校审计工作的开展与优化具有一定的参考价值。

图书在版编目（CIP）数据

高校审计信息化建设创新实践研究 / 周金星，张莉萍著 .-- 北京：中国纺织出版社有限公司，2023.7
ISBN 978-7-5229-0849-6

Ⅰ.①高… Ⅱ.①周… ②张… Ⅲ.①高等学校－内部审计－信息化－研究－中国 Ⅳ.① F239.66-39

中国国家版本馆 CIP 数据核字（2023）第 151243 号

责任编辑：赵晓红　　责任校对：高　涵　　责任印制：储志伟

中国纺织出版社有限公司出版发行
地址：北京市朝阳区百子湾东里 A407 号楼　邮政编码：100124
销售电话：010—67004422　传真：010—87155801
http://www.c-textilep.com
中国纺织出版社天猫旗舰店
官方微博 http://weibo.com/2119887771
天津千鹤文化传播有限公司印刷　各地新华书店经销
2023 年 7 月第 1 版第 1 次印刷
开本：710×1000　1/16　印张：13.5
字数：220 千字　定价：98.00 元

凡购本书，如有缺页、倒页、脱页，由本社图书营销中心调换

前言

随着全球科技的飞速发展，当前社会正处于数字化、信息化、网络化的新时代。在这个新时代，一切都在发生深刻的变化。信息化建设已成为高校、企业，甚至政府部门发展的重要组成部分。特别是在高等教育领域，作为国家和社会发展的重要基石，其信息化建设的质量直接关系到教育质量和教育效益。如今，信息化建设在高校的许多领域已经取得了显著的进展，如教学、管理和服务。

随着数字技术的飞速发展和社会信息化程度的不断提高，审计工作也需要与时俱进，适应新的技术环境。审计是一种为了提高组织经济活动的合规性、公正性和透明度而进行的专业活动。在高校中，由于涉及大量的公共资金和教育资源，审计的重要性不言而喻。然而，传统的审计方式，如人工审计、纸质报告等，已经不能适应当前的发展需求。在信息化、大数据的背景下，审计的方式和方法需要进行改革和创新。

在这种背景下，高校发展和审计信息化成了这个时代的重要话题，其中蕴含的问题和机遇，都值得我们深入探讨。本书以此为主题，旨在深入探讨和研究高校审计信息化建设，从而为高校提供更有力的理论支持和实践参考。

第一章是背景梳理，详细阐述了高等教育内涵式发展的概念和特点，揭示高校治理体系和治理能力现代化的重要性，同时分析数字时代审计信息化的趋势和意义，为整个研究奠定基础。

第二章是基础内容，对高校审计的主要内容进行详细介绍，同时对国家审计、内部审计、社会审计这三大板块构成的高校审计体系审计，以及高校审计的职能定位进行全面分析，以期为读者提供全面的审计基础知识。

第三章是研究意义，进一步分析审计信息化建设价值，包括推动审计理论体系的创新，利用数字技术发展提升高校审计质效，以及通过审计思维转变完善高校的治理与发展。

第四章是顶层设计，以政治强审战略、科技强审战略、人才强审战略和制度强审战略为指引，提出具有创新性的高校审计信息化建设战略规划。

第五章是平台搭建，重点探讨数字化审计平台的建设过程，包括确定功能需求、设计系统框架以及制定搭建方案，以期为高校审计信息化建设提供可行的技术支持。

第六章是应用实践，深入研究高校数字化审计的实施流程，包括标准化数据采集与梳理、数据分析与报告、审计结果的报送与数字化展示以及审计结果的高效利用。

在最后一章的未来展望中，笔者对未来高校审计工作的发展提出展望，包括深化高校审计文化建设的思考、以媒体监督促进高校审计的路径构思以及高校智能审计的创新发展与应用设想。

通过这七章，希望能为读者提供一份深入而全面的高校审计信息化建设的创新实践参考，找到一种更加科学、有效的审计方式，以满足当前的发展需求。

周金星　张莉萍

2023 年 5 月

目　录

第一章　背景梳理：高校发展与审计信息化 ………………………………001
第一节　高等教育内涵式发展 …………………………………………002
第二节　高校治理体系和治理能力现代化 ……………………………008
第三节　数字时代的审计信息化 ………………………………………015

第二章　基础内容：高校审计概述 ……………………………………………031
第一节　高校审计体系 …………………………………………………032
第二节　高校审计的主要内容 …………………………………………052
第三节　高校审计的职能定位 …………………………………………061

第三章　研究意义：高校审计信息化建设价值分析 …………………………071
第一节　审计信息化与审计理论体系创新 ……………………………072
第二节　数字技术发展提升高校审计质效 ……………………………084
第三节　审计思维转变完善高校治理与发展 …………………………096

第四章　顶层设计：高校审计信息化建设创新战略规划 ……………………103
第一节　以政治强审战略指引高校审计信息化建设 …………………104
第二节　以科技强审战略统领高校审计信息化建设 …………………112
第三节　以人才强审战略支持高校审计信息化建设 …………………122
第四节　以制度强审战略保障高校审计信息化建设 …………………131

第五章　平台搭建：高校数字化审计平台建设 ……… 143

第一节　高校数字化审计平台功能需求 ……… 144

第二节　高校数字化审计平台系统框架 ……… 149

第三节　高校数字化审计平台搭建方案 ……… 160

第六章　应用实践：高校数字化审计实施流程 ……… 173

第一节　审计标准化数据采集与整理 ……… 174

第二节　数字化审计数据分析与报告 ……… 181

第三节　数字化审计结果的高效利用 ……… 186

第七章　未来展望：高校审计质量全面提升 ……… 191

第一节　深化高校审计文化建设的思考 ……… 192

第二节　以媒体监督促进高校审计的路径构思 ……… 199

第三节　高校智能审计的创新发展与应用设想 ……… 201

参考文献 ……… 205

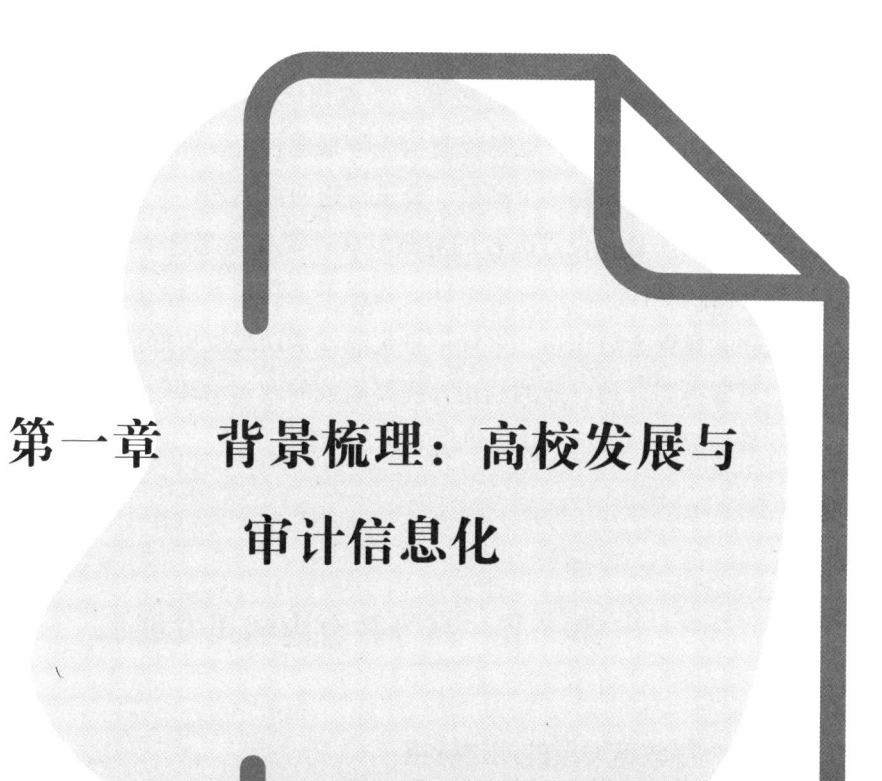

第一章　背景梳理：高校发展与审计信息化

在知识经济时代，高校的价值不再只是传授知识，其使命已经升级为培养能够适应社会发展，具有创新精神和实践能力的复合型人才。这就要求高校在发展过程中，不仅是规模扩张，更重要的是内涵的提升和质量的提高。高校的内涵式发展，就是要求高校在发展过程中，更加注重学科专业的建设、师资队伍的建设、教学质量的提高和科研水平的提升等方面，以此来实现教育质量的整体提升。在高校的内涵式发展过程中，高校教育治理体系和治理能力现代化也显得尤为重要。这是因为，随着社会的发展，人们对高等教育的需求和期待也在不断提高，而这就需要高校有一个现代化的治理体系，以应对这些挑战。高校的治理体系现代化，就是指高校应该根据社会发展的需要，调整和优化自身的治理结构，建立起一个高效、公正、透明的治理体系，以此来实现教育公平，提高教育质量，促进高校的健康发展。要支撑起这个现代化的治理体系，就离不开高校审计。当传统的审计方式跟不上高校发展的脚步，数字时代的审计信息化就显得十分迫切。审计信息化能够帮助高校更好地管理和运营，促进高校的资源得到合理有效的利用，提高高校的内部治理效率，从而为高校的内涵式发展和治理体系现代化提供了有力的支撑。

第一节　高等教育内涵式发展

一、高等教育发展的演进脉络

当代高等教育是一项综合性、复杂性很强的系统工程，是现代社会不可或缺的一部分，其发展不仅关系到国家的经济、科技和文化发展，更关系到社会的稳定与进步。在中国，高等教育的发展历经了几十年的艰苦探索和不断改革，从"大而全"的思路逐步转向注重教育质量的内涵式发展。具体发展的道路经历了五个发展阶段。

（一）探索和试验阶段

20世纪70年代以前，中国高等教育的发展处于探索和试验阶段，一切都刚刚起步。改革开放以后，高等教育发展进入了一个快速发展的阶段。经过40

多年的发展，我国的高等教育规模已经得到了快速扩张，数量和覆盖面都有了很大的提升。然而，随着高等教育规模的不断扩大，教育质量问题也逐渐浮现。高校毕业生的就业率和质量成为社会关注的热点问题，高等教育所培养的人才与社会发展的需要二者之间出现了明显的脱节。

（二）快速扩张阶段

1999—2005年，中国高等教育经历了快速扩张的阶段。在这一时期内，高校数量大幅增加，教育投入也得到了提升，入学机会得到了大幅增加，使高等教育的规模迅速扩大。然而，随着高等教育规模的不断扩大，教育质量却还存在着提升的空间，与规模的扩张和社会发展不相适应。高等教育的质量问题成为社会关注的热点问题，特别是高校毕业生的就业率和质量成为社会关注的焦点，内涵式发展成为破局的出路。因此，高等教育需要转向内涵式发展，注重教育质量的提升。

（三）内涵式发展初期

2006年，国务院常务会议明确指出要适当调控高等教育招生增幅，保持规模平稳，并将工作重心转移到提高质量上。这一决策使高等教育在经过多年高速发展之后，逐渐控制了规模，并进入了以提高质量为中心的阶段。在此期间，国家出台了改善高等教育结构、提高人才培养质量和加强教师队伍建设等措施，为内涵式发展奠定了基础。政府、高校、教育界和社会各界开始共同努力，使内涵式发展成为中国高等教育的核心理念和模式。

（四）内涵式发展加速阶段

2010年，《国家中长期教育改革和发展规划纲要（2010—2020年）》提出"确立以提高质量为主线、重视教育内涵发展的教育发展观"，内涵式发展重新进入教育领域政策话语中。此后，教育部印发了《关于全面提高高等教育质量的若干意见》，提出了内涵式发展的重点和目标，加速了内涵式发展的进程。在这一时期内，政府进一步加大了对高等教育的投入和支持，高校也开始加强内部改革，注重教学改革、学科建设和人才培养等方面的发展。

（五）内涵式发展深入阶段

2015年以后，内涵式发展逐渐深入，成为高等教育发展的重要战略。党的十八大指出"促进高等教育内涵式发展",标志着内涵式发展已成为高等教育发展中的一项重要策略。2017年党的十九大提出"实现高等教育的内涵式发展",进一步强调了内涵式发展的重要性。在此背景下,政府采取了一系列措施,加快建设世界一流大学和一流学科,深化地方高校改造和发展,推动区域高等教育协调发展,提升师德水平和业务能力等,为内涵式发展提供了更多的支持和保障。

内涵式发展是中国高等教育发展的必然趋势。随着内涵式发展的不断深入,高等教育的质量和水平得到了提升,为国家的经济社会发展做出重要贡献。在未来的发展中,中国高等教育应该继续坚持内涵式发展的道路,注重培养具有实践能力和创新精神的高层次人才,不断提高教育质量和水平,为国家的现代化建设和人民幸福生活做出更大的贡献。

通过梳理和分析高等教育发展的演进脉络,可以看出:中国高等教育内涵式发展不仅是一种教育发展模式,更是一种社会发展模式。其背后体现了社会对高等教育质量和人才培养的不断提升和要求,也反映出高等教育应当承担的社会责任和作用。因此,高等教育内涵式发展是一个多方面的过程,需要政府、高校、教育界和社会各界共同参与和推动。

此外,高等教育内涵式发展也面临着一些挑战。例如,高校之间存在巨大的发展差距,内涵式发展的实现难度较大;高等教育内部存在刻板印象和传统观念的束缚,难以适应社会变革和需求的变化;高校内部管理和教学水平等方面的不足,也限制了内涵式发展的进程。

因此,推进高等教育内涵式发展需要加强政策引导和投入,优化高等教育结构和布局,提高教育质量和效益,加强师资队伍建设和教育创新,促进高等教育与社会需求的协调和融合。只有不断加强内涵式发展,才能满足社会对高等教育的需求,为国家和社会发展做出更大的贡献。

二、高等教育内涵式发展的表现

内涵式发展,是指在保持高等教育规模稳定的前提下,致力于提高教育质量和内涵的发展。内涵式发展强调教育质量的提升,注重培养具有创新精神和实践能力的高层次人才,发挥高等教育的社会功能,促进教育公平和社会和谐发展。

高等教育内涵式发展是一个长期的过程，不断演进。在内涵式发展的历程中，政府、高校、教育界和社会各界的共同努力，使内涵式发展成为中国高等教育的核心理念和模式，推动高等教育朝着更高水平、更优质、更适应社会需求的方向发展，实现了从追求规模到追求质量、从教育结构调整到人才培养模式创新、从注重教学改革到注重创新驱动、从单纯追求学术成果到注重社会服务这四个方面的转变，如图1-1所示。

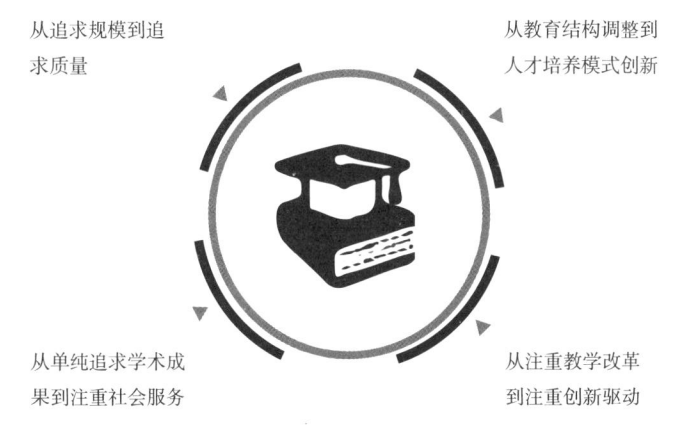

图1-1 高等教育内涵式发展的表现

（一）从追求规模到追求质量

在中国高等教育快速扩张的初期，追求规模曾经是各高校竞争的主要方式，教育质量并未受到足够的重视。随着高等教育规模的不断扩大，这种追求规模的思路已经无法满足社会对高等教育质量的要求。内涵式发展的出现，意味着高等教育正从追求规模向追求质量转变。

在内涵式发展初期，国家出台了一系列措施来提高高等教育的质量，包括加强教师队伍建设、改善高等教育结构、推进学科建设和开展教育评估等。高等教育的质量问题也逐渐引起社会关注。为了解决这一问题，高等教育开始从教育体制、教育方法和课程设置等多个方面进行改革和创新。通过改革，高等教育的内涵不断得到拓展，同时提高了高等教育的质量水平。

（二）从教育结构调整到人才培养模式创新

在内涵式发展的初期，政府主要采取教育结构调整的方式来促进内涵式发展，包括调整学科专业结构、推进学位授权和学科评估等。这些措施旨在优化教育结构，加强高等教育的内涵建设，提高高等教育的质量水平。随着内涵式发展的加速和深入，政府和高校开始关注人才培养模式的创新，强调培养具有实践能力和创新精神的高层次人才。

为了实现人才培养模式的创新，高等教育开始注重提高教学质量和教学方法创新，推广创新创业教育，拓展学生的实践经验，加强教师的教育能力培训。此外，高等教育也加强了与产业界的合作，培养符合市场需求的人才，满足国家经济和社会的发展需求。

（三）从注重教学改革到注重创新驱动

在内涵式发展的深入阶段，内涵式发展的核心理念逐渐转向注重创新驱动。高等教育不再只是注重提高教学质量和教学方法的创新，还要加强科技创新和产学研合作，实现高等教育与国家战略需求的紧密结合，促进高等教育的创新发展。政府也出台了一系列鼓励创新的政策，鼓励高校开展科技创新和科研成果转化，推动高校向研究型大学和创新型大学转型。

高等教育在注重创新驱动的过程中，积极开展科研项目，支持和培养青年教师的创新能力和创业精神，提高高校的科研水平。同时，高等教育也加强与企业的合作，通过技术转移、技术咨询、联合研发等方式推动科技成果的转化和应用。这些措施促进了高等教育与经济的融合和协同发展，提升了高等教育的创新能力和核心竞争力。

（四）从单纯追求学术成果到注重社会服务

内涵式发展强调高等教育的社会功能和服务作用，高等教育不仅要追求学术成果，还要注重为社会服务和发展做出贡献。在内涵式发展的深入阶段，高校开始重视社会服务的作用，积极参与社会治理和社会服务体系建设。高等教育不再局限于纯学术领域，而是与社会相互融合，为社会经济发展和人民群众服务做出贡献。

高等教育注重社会服务的具体举措包括开展社会调查和社会科学研究、参与社会公益活动、开展社会实践和志愿服务等。高校还积极与地方政府和社会组织合作，为地方经济和社会发展提供智力支持和服务保障。通过这些服务和支持，高等教育提高了自身的社会责任感和社会认同感，促进了高等教育与社会的良性互动，为社会经济发展和人民生活水平的提高做出了积极贡献。

三、高等教育内涵式发展的必要性

(一) 满足国家经济社会发展需求

内涵式发展是在外延式发展的基础上,对高等教育发展模式的转变和提升。外延式发展追求数量和规模,而内涵式发展则更注重提升教育质量和核心竞争力,是高等教育发展的必然趋势。对于我国高等教育而言,内涵式发展是更好地满足国家经济社会发展需求的必要手段。

随着我国经济的快速发展,高等教育的需求也不断增加。高等教育要更好地服务于国家的发展,必须与国家经济社会发展的需求相适应。内涵式发展能够帮助高等教育更好地适应国家经济社会发展的需求,更好地为国家服务。内涵式发展的核心在于提高高等教育的教学质量和核心竞争力,从而更好地满足国家经济社会发展的需求。

(二) 适应世界科技革命和产业变革的发展趋势

目前,全球正处于一次前所未有的科技革命和产业变革的浪潮之中。新一轮科技革命和产业变革与我国经济结构转型、发展方式转变、发展重心转移、发展动能转换相互交织,构成了一次历史性的交汇。这不仅将引发世界政治经济格局的深度调整,也将重塑民族国家的国际竞争力和领导力,颠覆传统产业的形态、分工和组织方式,还将重构人类的生活方式和生产模式。

高等教育作为人才培养的重要平台,也必须适应这一趋势。高等教育应该从根本上把握科技和产业的发展趋势,关注并掌握最前沿的科技、创新和研究领域,提高人才培养的质量和水平,以满足国家和世界的需要。只有这样,才能使我国高等教育与世界高等教育接轨,并在新的科技革命和产业变革中占据更有利的位置。因此,回应新一轮科技革命和产业变革是我国高等教育确定发展方向、制定教育政策和深化综合改革的根本依据。

(三) 满足社会主要矛盾转化的需求

随着我国经济社会的不断发展,社会对高等教育质量的要求也越来越高。当前,我国高等教育发展的矛盾已经转化为人民群众对优质高等教育资源的渴求与高等教育发展不均衡不充分不全面的矛盾。为了满足人民群众对优质高等教育资源的渴求,高等教育必须实现高质量内涵式发展。这种发展方式将注重提高教育质量和核心竞争力，强化人才培养质量和实践能力，培养更多具有创新意识和实践能力的人才。同时，高等教育应加强与产业、科研机构的合作，推动科技创新和转化，更好地服务于国家经济社会的发展。

实现高等教育高质量内涵式发展需要加强高等教育体制改革，打破学科壁垒，提高教学质量，优化课程设置，增强学生实践能力和创新能力。同时，还需要加强高等教育资源的公平分配，促进高等教育资源的均衡发展。

（四）提高高等教育的国际竞争力

随着全球化的加速，各国高等教育之间的竞争也日趋激烈。高校内涵式发展不仅是为了满足国家经济社会发展的需求，更是为了提高我国高等教育的国际竞争力，在国际教育舞台上发挥更大的作用。

首先，内涵式发展能够提高高等教育的教学质量和学术水平，吸引更多的国际学生和学者来到我国学习和研究，提高高等教育的国际影响力。

其次，内涵式发展能够加强高等教育与国际教育机构的合作和交流，推动教育资源的共享和优化，提高高等教育的国际化程度。

最后，内涵式发展能够提升高等教育对国家和世界的服务能力，更好地满足国际社会对高等教育的需求，提升高等教育在国际教育舞台上的地位和影响力。

第二节 高校治理体系和治理能力现代化

一、国家治理体系和治理能力现代化背景

（一）国家治理体系和治理能力现代化的内涵

国家治理体系和治理能力现代化是中国共产党的一项重大战略任务，旨在提高国家治理体系的制度化、规范化、程序化水平，增强国家治理能力，实现各项事务治理制度化、规范化、程序化，不断提高运用中国特色社会主义制度有效治理国家的能力。

国家治理体系是指在中国共产党领导下管理国家的制度体系，包括经济、

政治、文化、社会、生态文明和党的建设等各领域体制机制、法律法规安排。国家治理体系和治理能力的现代化，就是使国家治理体系制度化、科学化、规范化、程序化，从而把中国特色社会主义各方面的制度优势转化为治理国家的效能。

国家治理能力是指运用国家制度管理社会各方面事务的能力，包括改革发展稳定、内政外交国防、治党治国治军等各个方面的能力。国家治理能力现代化，就是要不断提升政府的执行力、应变力、创新力和服务意识，增强社会组织、企业、群众自我管理、自我服务和自我教育的能力，使其更好地融入和服务国家治理体系和治理能力的现代化。

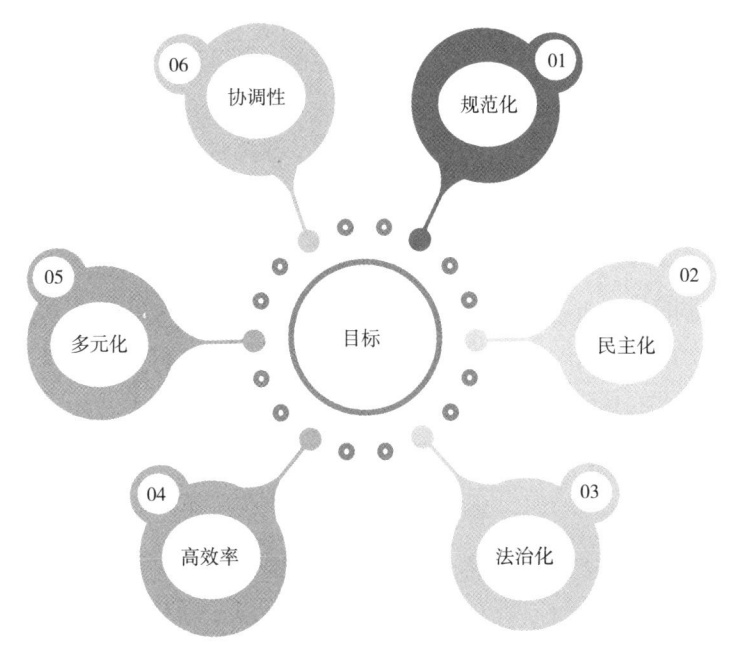

（二）国家治理体系和治理能力现代化的目标

国家治理体系和治理能力现代化的目标包括以下六个方面，如图1-2所示。

图1-2 国家治理体系和治理能力现代化的目标

1. 规范化

国家治理体系是规范社会权力运行和维护公共秩序的一系列制度和程序，政府治理、市场治理和社会治理是现代国家治理体系中三个最重要的次级体系。国家治理体系的现代化，就是要形成制度化、体系化、系统化，政府治理、市场治理和社会治理都应有完善的制度安排以及规范的公共秩序。

2. 民主化

现代化的国家治理体系是一种民主的治理体系，其公共权力的产生和运作必然是遵循民主规则的，公共治理和制度安排都必须保障主权在民或人民当家作主，所有公共政策要从根本上体现人民的意志和人民的主体地位，公民、社会、市场和政府之间的界限必然是明晰的。

3. 法治化

法治是国家治理体系和治理能力的重要依托。国家治理、政府治理、社会治理的基本方式必然是法治，国家治理、政府治理、社会治理的现代化有赖于各个领域的法治化。要以法治的可预期性、可操作性、可救济性等优势来凝聚转型时期的社会共识，使不同利益主体求同存异，依法追求和实现自身利益最大化。

4. 高效率

现代化的国家治理体系应当注重科学性、战略性、系统性和有效性，有利于提高行政效率和经济效益，从而行之有效地维护社会稳定和社会秩序。

5. 多元化

摆脱单一的政府一元管理模式，向政府、市场、社会和民众多元交互共治转变。政府、市场、社会组织、人民群众在不同领域发挥治理的主体作用，这种主体性的发挥不是绝对的、单向的，而是相对的、互动与合作的，以法治为保障、以共治为路径、最终实现善治。

6. 协调性

国家治理体系主要包含经济治理、政治治理、文化治理、社会治理、生态治理和党的建设六大体系，这六个体系不是孤立存在或各自为政的，而是有机统一、相互协调、整体联动的运行系统。从中央到地方各个层级，从政府治理到社会治理，各种制度安排作为一个统一的整体相互协调，密不可分。国家治理体系现代化过程，必须是全面、系统的改革和改进，是各领域改革、改进的联动和集成，形成总体效应，取得总体效果。

总之，国家治理体系和治理能力现代化是推动中国特色社会主义事业发展的重要举措,其核心是要加强制度建设,推进制度创新,加强制度执行和维护,推进治理体系和治理能力现代化,全面实现中国特色现代化治理。这将有助于推进中国特色社会主义制度的发展和完善,加快建设现代化强国,实现中华民族伟大复兴的中国梦。

(三)国家治理体系和治理能力现代化的最新部署

党的二十大对国家治理体系和治理能力现代化做出了最新部署,对国家治理体系和治理能力现代化提出了更高的要求,强调要在各个方面加强制度建设,提高治理水平,不断推进现代化,实现全面建设社会主义现代化国家的目标,如图 1-3 所示。

图 1-3 国家治理体系和治理能力现代化的最新部署

第一,基本实现国家治理体系和治理能力现代化。党的二十大指出,到 2035 年,要基本实现国家治理体系和治理能力现代化,使其具备科学化、法治化、智能化、人本化等现代化特征,全过程人民民主制度更加健全,基本建成法治国家、法治政府、法治社会。

第二,推动全面深化改革。党的二十大强调,未来五年是全面建设社会主义现代化国家开局起步的关键时期,要加强改革顶层设计,坚决破除各方面体制机制弊端,推动改革开放不断迈出新步伐。

第三，深入推进国家治理体系和治理能力现代化。党的二十大要求，要不断增强政府的执行力、应变力、创新力和服务意识，提高社会组织、企业、群众自我管理、自我服务和自我教育的能力，使其更好地融入和服务国家治理体系和治理能力的现代化。

第四，更高水平开放型经济新体制基本形成。党的二十大强调，要深入实施对外开放战略，推动更高水平的对外开放，构建全面开放新格局，实现经济高质量发展。

二、高校治理体系和治理能力现代化的重要地位

高校治理作为教育领域的发展关键，直接关系到国家人才培养和科技创新能力的提升。近年来，中国高等教育的快速发展和人才培养的日益重要，高校治理体系和治理能力的现代化已经成为国家治理体系和治理能力现代化的重要方面之一。

高校治理的现代化不仅是高校内部的管理和运作，也直接关系到国家的发展和建设。一方面，高校治理体系主要由党委领导形成的政治权力、校长负责形成的行政权力、教授治学形成的学术权力和师生参与形成的民主权利四个要素构成，这些权力的协调与合理运用是高校治理的基础。另一方面，高校治理能力则是通过健全和完善各种体制机制，正确协调处理好权力关系，提高规范管理学校各项事务和增强依法治校的综合能力，以促进高校的内部管理水平和教育教学质量的提高。

现代高校治理必须坚持以党的领导为统领，推进治理体系和治理能力现代化，确保高校内部管理科学规范、高效运作。推动高校治理体系和治理能力现代化，不仅能够提高高校的内部管理水平，加强高校的组织协调和管理效能，更能够促进高校人才培养和科学研究，推动高等教育事业更好地服务国家发展战略。

高校治理体系必须遵循社会主义办学方向，坚持立德树人，培养德智体美劳全面发展的社会主义建设者和接班人。高校治理体系必须以党委领导为核心，推动各种治理主体的协调与合理运用，形成高校治理体系的有机整合，让高校成为党的坚强阵地，为高校事业的发展提供坚强保障。高校治理能力也必须通过各种体制机制的健全和完善，实现权责清晰、依法治校、协同治理，从

而推进高校治理的现代化和创新能力的提高。高校的治理能力不仅体现在管理层面，也需要在教学科研方面有所突破和创新。

在教学方面，高校需要不断更新教育理念，加强课程设置和教学方法的改进，鼓励教师创新教学方式，提高教学质量和效果。同时，高校还应当建立科学的评估机制，对教师和课程进行评估，促进教学质量的提高和教学方法的创新。

在科研方面，高校也需要加强创新能力，鼓励教师和学生积极参与科研活动，加强科研团队建设，提高科研水平和成果转化率。高校还应加强与产业界的合作，充分发挥高校在科技创新中的作用，为国家经济发展和社会进步做出更大的贡献。

此外，高校治理现代化还需要注重人才培养质量的提高。高校应当加强人才培养模式的创新和改进，根据社会需求和学生兴趣，设计更加符合时代发展需求的人才培养方案，注重实践教学和综合素质培养。同时，高校还应加强对学生的思想政治教育，培养学生的爱国主义、集体主义和创新精神，引导学生成为有道德、有文化、有知识、有能力的新时代青年。

总之，高校治理体系和治理能力的现代化是国家治理体系和治理能力现代化的重要组成部分之一。只有不断推进高校治理体系和治理能力的现代化，加强对高校内部管理的规范和提高教学科研水平，才能更好地服务于国家发展战略，培养更多具有创新能力、国际竞争力和社会责任感的高素质人才，为实现中华民族伟大复兴的中国梦做出更大的贡献。

三、高校内涵式发展需要治理体系和治理能力现代化

在现代化治理体系的支持下，高校才能更好地推进内涵式发展；而高校内涵式发展也需要现代化治理能力的支撑，才能更好地实现发展目标。

（一）现代化治理体系支持高校内涵式发展

现代化治理体系对高校内涵式发展的支持是至关重要的。现代化治理体系是以科技为基础、以信息化为手段的高效管理体系，可以提升高校的管理水平，优化资源配置，推动高校的内涵式发展。

（1）现代化治理体系可以支持高校的信息化建设，提高高校的信息化管理水平。现代化的信息技术支持高校教学管理，可以使教学过程更加智能化和便

捷化。例如，在线教学、远程授课等信息化手段，可以帮助学生更加灵活地选择学习时间和地点，提高学习效率和便捷性。此外，现代化治理体系可以实现高校的数字化管理，如人才管理信息化可以帮助高校更好地管理和培养人才，提高高校人才管理效率和精准度。

（2）现代化治理体系可以提高高校的管理水平，实现高校运行更加科学、精细。现代化治理体系可以为高校提供科学的管理模式，如人力资源管理、财务管理、办公自动化、数据分析等，提高高校运行效率和管理水平，减轻管理负担。此外，现代化治理体系可以实现高校的数字化管理，如管理信息系统、校园网络等，使高校管理更加智能化和自动化。

（3）现代化治理体系可以推动高校内涵式发展。现代化治理体系能够让高校更好地适应时代变化，提高高校管理效率，优化资源配置，推动高校内涵式发展。例如，利用信息化手段，高校可以实现教学资源共享，提高教学质量和效率，同时可以探索教学方式和教学内容的创新，满足学生多元化的学习需求。此外，现代化治理体系也可以帮助高校更好地建立质量保障体系，完善高校管理制度，提高高校治理能力，确保高校内涵式发展的质量和效果。

（二）高校内涵式发展需要具备现代化治理能力

高校内涵式发展需要具备现代化治理能力，这是因为内涵式发展要求高校从数量规模的扩张向质量效益的提升转变，需要高校具备先进的管理理念、先进的管理手段和现代化的管理能力。高校的现代化治理能力可以帮助高校更好地发挥内涵式发展的潜力。

（1）高校内涵式发展需要制定符合内涵式发展的规划和战略。高校需要明确内涵式发展的目标和任务，并制定符合内涵式发展的规划和战略。现代化的治理能力可以帮助高校分析内外部环境，制定可行的发展战略，优化资源配置，提高高校的发展效益。现代化的信息技术和数字化管理系统可以帮助高校更好地了解自身的资源和优势，并进行科学的决策和管理。

（2）高校内涵式发展需要调动资源，优化资源配置。现代化治理能力可以帮助高校更好地调动和配置资源，从而更好地支持高校内涵式发展。例如，现代化的人力资源管理可以帮助高校更好地招募和培养高水平的师资队伍，提升高校的教学和科研水平。现代化的财务管理可以帮助高校更好地管理经费，实现资源的有效利用。

（3）高校内涵式发展需要更加注重师资队伍建设。高校的师资队伍是内涵式发展的核心要素，高校需要加强师资队伍建设，提高师资队伍的素质和能力。现代化的治理能力可以帮助高校更好地管理师资队伍，如可以通过数字化管理系统进行师资队伍的绩效评估和激励，提高教师的教学和科研水平。

第三节　数字时代的审计信息化

一、数字时代来临

数字时代，是以数字技术为基础，信息化与智能化为主要特征，网络化和智能化为主要趋势的时代。随着信息技术的不断发展，社会正在进入一个全新的时代，数字时代的来临改变了我们的生活方式、经济形态、社会结构及国家治理体系等各个方面。

（一）数字时代到来改变人们的工作与生活方式

以大数据、云计算、物联网、人工智能为代表的新一代数字技术产生并应用，大大提高了信息处理和交流的效率，使信息传播更加便捷和快速。借由移动互联网，人们能够随时随地进行信息交流和获取，使人们的生活更加便捷和高效，也让人们的生活更加丰富多彩，深刻地改变了人们的工作方式和生活方式。

在生活方面，移动互联网的普及改变了人们的信息获取方式。人们可以随时随地通过手机、平板电脑等设备获取各种信息。通过移动互联网，人们可以使用各种应用程序，如阅读、购物、社交、出行等。例如，人们可以通过使用滴滴出行这样的软件应用程序，在短时间内召唤出租车或网约车，实现快速、便捷的出行。社交网络的出现改变了人们的社交方式。人们可以通过社交网络结识新的朋友、交流信息和分享生活，如微信、微博、QQ等，已经成为人们日常生活中必不可少的社交工具。例如，在社交网络上，人们可以随时了解朋友们的生活动态，分享自己的生活经验和感受，这样可以让人们的生活更加多姿多彩。在线购物的兴起改变了人们的购物方式。人们可以通过各种电商平台，在家中就可以轻松地购买所需的商品和服务，不再需要走出家门，省去了很多时间和精力。例如，人们可以通过淘宝、京东等电商平台，随时随地购买自己所需的商品，从而提高购物的效率和便利性。

在工作方面，云计算、人工智能等数字技术的应用改变了人们的工作方式，打破了传统的地域、行业、职业等限制，让人们更加自由，并可以随时随地进行远程办公，提高了工作效率。云计算是一种基于互联网的新型计算模式，可以将计算资源和服务通过互联网提供给用户。通过云计算，人们可以随时随地获取计算资源和服务，提高了工作的效率和质量。例如，人们可以通过使用谷歌云计算这样的云计算服务，存储和处理自己的数据，提高了工作效率和数据安全性。而人工智能是一种利用计算机模拟人类智能的技术，可以自动完成复杂的任务，如图像识别、语音识别、自然语言处理等。通过人工智能技术，人们可以实现更高效、更精确、更便捷的服务。例如，语音识别技术可以让人们通过语音控制电器或其他设备，实现更加智能化的工作。

（二）数字时代到来改变经济形态

随着数字技术的飞速发展，人们的生产方式、消费方式和经济组织形式都在发生深刻的变革。数字技术的应用，让传统产业得以实现智能化升级，打破了传统的产业格局，推动了数字经济的发展。同时，数字技术也打破了时空限制，加速了资本、信息、人才等要素的流动，提高了经济效益和竞争力。这些变化反映了数字时代对经济形态的改变，主要表现在以下两个方面：

1. 数字经济的崛起

数字经济是指以数字技术为核心，以信息、知识、数据等为要素，创新数字经济模式，形成新的产业链和产业生态的经济形态。数字经济的崛起，使传统产业得以实现智能化升级，拓展了新的产业链和产业生态。数字经济主要包括电子商务、移动支付、云计算、大数据、人工智能等领域，这些新型经济活动正逐渐成为推动经济发展的新动力。

例如，数字技术的应用打破了传统经济的格局，催生了在线教育、远程医疗、智能制造等领域的新兴产业，为经济发展注入了新的活力，创造了新的商业模式和价值链。通过互联网技术和社交媒体的支持，各种商业活动在数字世界里蓬勃发展。

2.共享经济和平台经济的兴起

数字时代的到来也催生了共享经济和平台经济的兴起。共享经济和平台经济是数字时代下新兴的商业模式，通过数字技术的应用，实现资源共享和价值共创。共享经济和平台经济打破了传统商业模式，提供了更加便捷、高效、低成本的服务。

例如，共享单车、共享汽车、共享住宿等共享经济的出现，改变了传统的个人所有制经济模式，让人们更加便捷地获取出行和住宿等服务。平台经济的兴起，则通过数字技术的应用，为各种经济活动提供了全方位、多元化的服务。如在线教育平台、医疗健康平台、金融科技平台等，这些平台整合了各类资源，提供了全方位的服务和解决方案。

总之，数字时代的到来改变了经济形态，数字经济的崛起、共享经济和平台经济的兴起等都为经济发展提供了新的动力和契机。在数字时代，经济组织和商业模式的变革将更加频繁和深刻，需要不断推进数字技术的应用，以适应数字时代的挑战和机遇。

（三）数字时代到来改变社会结构

随着数字技术的不断发展，社会结构正在发生着深刻的变化。数字技术的应用，推动了社会信息化的进程，使信息的流动更加顺畅、公开和透明，同时让社会更加多元化和个性化。

（1）数字技术的应用，推动了社会信息化的进程，使信息的流动更加顺畅和公开透明。通过数字技术的支持，人们可以随时随地进行信息交流和获取，从而大大加快了信息的流动速度。同时，数字技术的应用也让政府更加注重信息公开透明，通过各种数字化手段，政府可以更加方便地向社会公开政务信息，让社会更加了解政府工作的进展和成果。

（2）数字技术的应用也促进了各个行业之间的融合，打破了传统行业之间的界限。例如，数字技术的应用促进了金融科技的发展，让金融行业与科技行业的融合更加紧密，推动了金融的创新发展，出现了移动支付、P2P借贷等新模式，使金融服务变得更加普及、高效和便捷。重塑了金融行业的生态环境，为消费者带来更多的便利。同时，金融科技还推动了金融监管的改革，有助于减少金融风险。

(四)数字时代到来改变国家治理体系

数字时代的到来,彻底改变了国家治理的方式。数字技术的快速发展和广泛应用,不仅推动了政府信息化和智能化的发展,还提高了政府决策的科学性和精准度,促进政府服务的数字化和智能化,加速政务公开和民主参与的进程,实现政府治理的现代化和民主化。同时,数字技术也为政府提供了更高效的管理和监管社会的手段,增强了政府的管理和治理能力。

(1)数字技术推动政府信息化和智能化的发展。政府是一个庞大的机构,信息流动和处理是一个重要的环节。数字技术提供了更快速、准确、全面的信息处理方式,改变了政府工作的方式和方法。政府可以利用大数据技术收集、处理、分析和利用各类信息资源,帮助政府高效地决策,提高政府治理的科学性和精准度。政府的信息化和智能化,不仅为政府提供了更强大的管理和决策能力,也为公民提供了更高效的服务和更好的治理环境。

(2)数字技术促进政府服务的数字化和智能化。政府的服务领域是广泛的,服务的对象是各种各样的。数字技术的广泛应用,可以实现政府服务的数字化和智能化,提高政府服务的效率和质量。例如,政府可以通过数字技术实现在线政务服务,实现"一网通办",让公民通过互联网享受政府服务。政府还可以利用数字技术实现智慧城市的建设,提高城市治理的效率和质量。政府服务的数字化和智能化,不仅为公民提供了更便利的服务,也为政府提供了更高效的管理方式。

(3)数字技术加速政务公开和民主参与的进程。政务公开是民主政治的基础之一,民主参与是民主政治的重要内容之一。数字技术的广泛应用,可以实现政务公开和民主参与的数字化和智能化,为公民提供更好的信息公开和参与环境。例如,政府可以通过数字技术实现在线公开政府信息,公开政府决策过程和决策结果,让公民了解政府的工作和政策。政府还可以通过数字技术实现在线上开展公民议事、舆情监测和投票等,增加公民参与政治的方式和途径。数字技术加速了政务公开和民主参与的进程,为公民提供更好的参与环境,推动了政府治理的民主化和现代化。

(4)数字技术为政府提供了更高效的管理和监管社会的手段,增强了政府的管理和治理能力。例如,政府可以利用数字技术实现对各类信息资源的监管,加强对社会的管理和治理。政府还可以利用大数据技术对社会进行分析和预测,实现精细化的管理和治理。

二、审计信息化的基本内容

（一）审计信息化的内涵

在电子数据处理早期，计算机技术刚刚开始应用于各个领域，包括企业管理、金融、政府部门等。当时，人们缺乏对计算机知识的了解，对电子数据处理系统的审计能力有限。随着计算机在数据处理系统中应用的逐步扩大，篡改数据、窃取信息等非法现象引起了审计人员的关注，认识到必须对被审计单位的电子数据处理系统本身进行审计，以确保数据的准确性和完整性。由此出现了审计信息化。

审计信息化是指利用现代信息技术，将审计工作与信息技术相结合，以提高审计业务、管理和决策的能力和效率，推进实现审计现代化的过程。通过信息化手段，可以更加高效和精准地开展审计工作，同时提高审计的质量和效果。

从信息化主体的角度看，审计信息化包括审计系统的信息化、审计机构的信息化、审计人员的信息化。

审计系统的信息化是指通过构建和完善审计管理信息系统、审计业务系统等相关软件和硬件平台，实现审计数据的高效处理、分析和管理。审计系统信息化的发展需要根据审计业务的需求，不断更新技术和功能，以适应审计工作的变化。审计系统的信息化有助于提高审计业务的自动化程度、审计数据的准确性和可靠性，从而提高审计工作的效率和质量。

审计机构的信息化是指审计机构在组织结构、管理方式、业务流程等方面与信息技术相结合，实现审计机构内部管理和运行的现代化。这包括对审计业务流程的优化、审计资源的合理配置以及审计机构内部信息交流与协同的提升等。审计机构的信息化有助于提高审计工作的协调性、透明度和规范性，从而提高审计工作的整体效能。

审计人员的信息化是指通过培训、学习等方式，提高审计人员的信息技术素养和运用能力，使其能够熟练运用信息技术开展审计工作。这包括审计人员对审计系统、数据分析工具、移动审计应用等的熟练掌握和运用。审计人员的信息化有助于提高审计工作的专业性和准确性，同时使审计人员能够更好地适应信息化审计环境的变化。

（二）审计信息化的特征

1. 审计内容日益扩展

随着经济社会的快速发展，审计工作需要关注的领域和内容不断扩展。从传统的财务审计逐渐延伸到经济责任审计、绩效审计、信息系统审计等多个方面。同时，各种新兴业务、新兴市场和新兴技术的出现，也对审计工作提出了新的要求。在这种背景下，审计信息化成了审计工作适应日益扩展内容的重要手段。审计信息化可以提高审计工作的针对性和实效性，使审计人员能够更加迅速、准确地发现问题和风险，为决策层提供有力的支持。

2. 信息化技术对审计的全面渗透

审计信息化的发展，使信息化技术逐渐渗透到审计工作的各个环节。从审计计划制订、审计业务实施、审计报告编制，到审计监督管理，信息化技术都发挥着重要作用。例如，通过数据挖掘和大数据分析技术，审计人员可以对海量数据进行快速筛查，找出异常数据和潜在风险；通过移动审计应用，审计人员可以实时掌握审计现场情况，提高审计工作的效率。信息化技术的全面渗透，为审计工作的高效、精细化发展提供了有力支持。

3. 审计线索的无形化

在信息化时代，审计线索的获取途径和形式发生了重大变化。相比传统审计中的纸质文件和实物资料，审计线索变得更加无形和数字化。审计人员需要关注电子邮件、社交媒体、网络论坛等多种渠道，以获取潜在审计线索。同时，审计人员还需要具备较强的信息分析能力，对大量的数字化信息进行筛选、整合和分析，以发现问题和风险。审计线索的无形化，要求审计人员不断提升信息技术素养，以适应审计工作的新变化。

4. 审计证据的复杂化

随着信息化技术的发展，审计证据的获取和处理变得越来越复杂。除了传统的财务报表、合同和单据等审计证据外，审计人员还需要关注电子数据、网络日志、视频监控等多种非传统审计证据。这些证据往往具有分布广泛、格式多样、更新迅速等特点，给审计人员带来了较大的挑战。同时，审计证据的数字化和网络化特点也增加了审计证据的易篡改性和不稳定性，对审计人员的审计能力和技巧提出了更高要求。

(三)审计信息化的基本原则

审计信息化工作应遵循客观性原则、重在应用原则、开放性原则和全员参与原则,如图 1-4 所示,确保审计信息化工作的有序推进,不断提高审计工作的质量和效率。通过全面实施这些原则,审计信息化将为国家、社会、企业的资金安全与有效运作提供有力保障,为国家经济社会发展做出更大贡献。

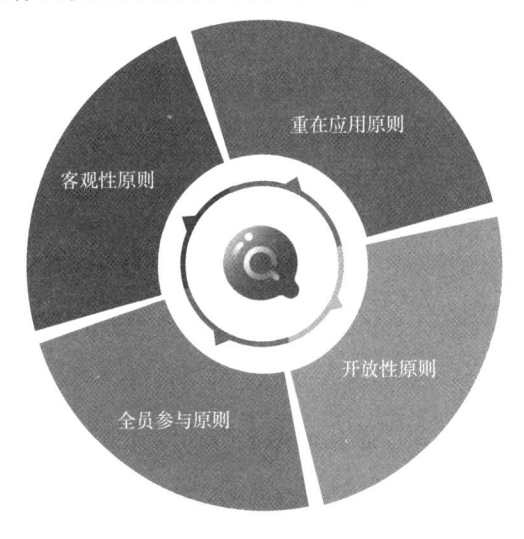

图 1-4 审计信息化的基本原则

1. 客观性原则

审计信息化应遵循客观性原则,即在推进审计信息化的过程中,要充分考虑各地区、各审计机关的实际情况和需求。实现审计信息化的目标,关键是避免"一刀切""一窝蜂"的现象,确保审计信息化工作落地见效。

遵循客观性原则,审计信息化工作应立足于实际,根据人力、物力和财力的实际条件,制定切实可行的发展规划。同时,要将眼光放长远,兼顾当前需求和未来发展,确保审计信息化的可持续性。此外,各地区、各审计机关在审计信息化工作中,应注重地方特色,因地制宜,发挥各自优势,从而实现审计信息化的全面深入推进。

2. 重在应用原则

审计信息化的发展,最终目的是更好地适应信息化社会的需求,提高审计工作的质量和效率。因此,审计信息化应遵循重在应用原则,确保信息化技术和手段能够充分应用于审计实践中,为审计工作提供有力支持。

遵循重在应用原则，审计机关应关注信息化技术在审计工作中的实际效果，而非单纯追求硬件设施和装备的更新换代。通过对信息化技术和手段的有效应用，审计工作可以更好地发挥其免疫系统功能，为决策层提供准确、及时、全面的审计信息，确保国家财政资金的安全和有效运作。

3. 开放性原则

审计信息化应遵循开放性原则，即在推广审计信息化工作的过程中，要充分尊重各地审计机关的创新成果，鼓励各地审计机关"八仙过海、各显神通"，共同为审计信息化的发展贡献力量。

遵循开放性原则，审计信息化工作不应局限于高层审计机关，而应开放、共享，让各地审计机关在信息化工作中形成的优秀成果、创新方法、实用经验得到广泛推广和应用。通过开放性原则的贯彻执行，审计信息化将形成一个更加协同、高效的工作体系，为审计工作的全面提升提供动力。

4. 全员参与原则

全员参与即在推进审计信息化的过程中，所有审计人员都应积极参与、共同推动，确保信息化技术的广泛应用与普及，提升整体审计水平。

遵循全员参与原则，各级审计机关应加强审计人员的信息化技能培训，提高全体审计人员的信息化素养。同时，要鼓励审计人员在实际工作中积极探索和应用信息化技术，将信息化手段与审计业务相结合，实现审计工作的高质量发展。全员参与原则的贯彻实施，有助于形成全员学习、全员参与、全员提升的良好氛围，让审计信息化工作真正成为审计人员的共同追求。在这场审计技术变革中，审计人员应积极拥抱变革，与审计信息化工作紧密结合，共同为提高审计工作质量和效益做出贡献。

（四）审计信息化的发展

审计信息化建设是在美、英等工业发达国家率先展开的。20世纪50年代，美国学者塞缪尔最早提出了"通过计算机审计"的理念，从此人们逐渐认识到计算机审计的重要性，审计信息化的建设也从此开始。在此基础上，美、英等国家不断推动审计信息化的发展，应用了越来越多的计算机技术和信息化手段，提高了审计工作的效率和质量。

在美国，20世纪70年代，随着计算机技术的逐渐普及和应用，审计信息化建设开始进入快速发展阶段。美国政府投入大量资金，推进了审计信息化的建设，不断开发和应用新的计算机技术和信息化手段，提高了审计工作的效率和质量。此外，美国还积极推动了审计信息化的国际标准化工作，促进了国际审计信息化的发展和应用。英国也是审计信息化建设的先行者之一。20世纪80年代，英国政府积极推进审计信息化的建设，采用了大量的计算机技术和信息化手段，提高了审计工作的效率和质量。

在我国，审计信息化建设始于20世纪80年代，经过多年的努力和发展，取得了显著的成效。1993年，审计署发布了《审计信息化建设的意见》，提出了审计信息化建设的重要性和发展方向。1998年，审计署开始筹划国家审计信息化建设项目（简称"金审"工程），并实行分期建设、分步实施的原则。

1999年，审计署向国务院提出建设审计信息化系统的请示，明确了"金审"工程的目标和意义。审计署指出，"金审"工程是为了适应国民经济管理信息化和会计信息电子化发展的要求，利用计算机、数据库、网络等现代信息技术来改进传统的审计方式和手段，实现审计工作信息化，不断扩大审计覆盖面，规范审计行为，促进审计工作效率和质量提高，降低审计风险，更好地履行审计监督职责。在审计信息化系统建设规划中，审计署提出了明确的目标和任务。其中包括建立完备的审计信息化系统，实现审计工作的数字化、网络化、智能化和系统化；推进审计信息化技术应用，提高审计工作的效率和质量；完善审计管理机制，规范审计行为，提高审计监督的有效性和精准性；加强安全保障和风险管理，确保审计数据的安全和保密。

2002年4月，"金审"一期工程启动，主要侧重于审计管理系统、审计实施系统的部署，并于2005年11月通过了国家发展和改革委员会的验收。2008年7月，"金审"二期工程启动，重点完善一期应用系统，构建国家审计数据中心、交换中心、安全中心和运维服务中心，构建国家审计信息系统框架，2012年6月底基本完成；目前，"金审"工程三期已全面启动，完成了国家审计大数据中心等应用系统需求的梳理，进入全面开发阶段。

随着计算机技术和信息化手段的不断更新和发展，审计信息化建设逐步实现数字化、网络化、智能化和系统化，取得了显著的成效。审计信息化不仅提高了审计工作效率和质量，加强了审计工作的监督和管理，还为审计工作的现代化和国际化开辟了新的路径。同时，智能化的审计技术，也在深度和广度上拓展了审计的可能性，对审计的未来发展具有深远的影响。

三、审计数字化是全面的信息化

（一）信息化与数字化

1. 信息化

信息化是将物理世界中的信息与数据转换成 0 与 1 的二进制代码输入信息系统中，将线下的流程与数据转移到计算机中线上处理的过程。通过信息化，组织能够实现信息和数据的高效管理、降低成本、提高可靠性，为决策提供有力支持。

就应用广度而言，信息化主要体现在单个部门的应用，很少涉及跨部门的融合和集成。尽管信息化能够使部分过程、信息与数据在线上化，但其价值主要体现在对局部的有限管理与效率提高上。为了充分发挥信息化的潜力，组织需要不断推进信息化的广度，实现更多领域和部门的信息化融合。

就应用深度而言，信息化仅仅是将线下过程与数据搬到线上，并没有涉及过程重构与对数据应用的通道开拓和资产化。在信息化时代，组织内部的各个部门、组织之间以及组织与社会之间尚未建立紧密联系。数据仍旧分散存储于不同的系统之中，仅仅是借助信息技术有限地提高了存储、加工和传输的效率与可靠性。为了深化信息化应用，组织需要从数据应用和过程重构的角度出发，不断创新信息化的应用深度。

就思维模式而言，信息化仍然是线下流程化思维。在信息化背景下，组织依然关注如何实现有效、严谨、无纰漏地控制线下物理世界的活动。然而，随着数字化技术的不断发展，组织需要转变传统思维模式，逐步实现信息化思维。

2. 数字化

美国著名咨询公司高德纳咨询公司 2011 年在其官网上对数字化有这样一个界定：数字化是指运用数字技术变革商业模式，为企业带来全新的收益与价值创造契机，是一个向数字业务转型的过程。这一定义明确地揭示了数字化的本质和目标，即运用数字技术变革商业模式，为企业带来全新的收益与价值创造契机，实现向数字业务的转型。

数字化代表着一种全面的变革，这并不仅仅是对一个部门、一个流程和系统的改变，而是对组织业务流程全过程的数字化突破。这种突破涉及组织的流程、业务、资源、产品、数据、体系等各个方面，乃至上下游产业链的生态。这种全面性的变革，是数字化与传统信息化最大的不同之处。

数字化带来了组织运营的全方位改革和重塑，突破了部门壁垒和数据壁垒，使组织的各个部门、各个业务流程都能够实现数据的互通和互联。在数字化时代，数据成了组织的重要资产，全线贯通整合的数据为组织的业务运营和决策提供了全面的支持。

同时，数字化时代要求组织由流程驱动向数据驱动转变。如果说信息化时代的核心是流程，那么数字化时代的核心必然是数据。在数字化时代，组织需要利用数据来驱动业务的发展，利用数据来支持决策，利用数据来优化流程，利用数据来创造价值。

综上所述，数字化是一种全面、深入的变革，正在推动组织的运营管理模式、业务流程、管理流程等方面的全方位改革与重塑。数字化的广度和深度都远超传统的信息化，对企业的影响也更为深远和全面。

3. 信息化与数字化的关系

信息化与数字化代表了社会发展的两个阶段，二者之间既有一定的脉络延续，也有明显的差异和特点。信息化与数字化的关系可以理解为一种融合和相似[1]，但在具体实现和影响程度上又存在差异。信息化是数字化的基础，而数字化则是在信息化基础上一次全面的升级和拓展。

从历史发展的角度来看，信息化与数字化代表了不同的发展阶段。信息化对应的是信息时代，其核心在于利用信息技术对组织的流程进行优化，提高管理与运营水平；而数字化对应的是数字经济时代，其目标是运用数字技术变革商业模式，实现组织的全面转型与升级。

从应用范围来看，信息化主要关注单个部门或流程的改进，而数字化则涉及组织整体的业务流程、组织结构和资源配置。数字化强调的是跨部门、跨单位的数据互联互通，实现全链条、全过程的数字化管理与优化。

从核心理念来看，信息化以流程为中心，以信息系统为手段，数据仅作为信息系统的副产品。而在数字化时代，数据成为核心驱动力，流程与系统则是生成数据的程序与手段。数字化更加强调数据的价值创造和应用，将数据作为组织发展的关键资源来加以利用。

---

[1] 燕华.信息化、数字化和数字化转型[J].上海教育评估研究,2022,11(6):49.

在线与智能是数字化时代的两大关键点。在线意味着数据的实时性和互联互通，数据在线可以方便地被各类用户利用，数据使用过程在线则意味着数据能够对组织和社会产生即时影响。智能则代表了数字化时代对未来商业模式的改变，通过智能技术实现机器替代部分人力工作，提高生产效率，降低成本，实现新的商业模式和业务拓展。

（二）从审计信息化到审计数字化

数字时代的到来无疑给审计行业带来了深刻的变革和无限的机遇。随着科技进步和数字技术的普及，审计信息化正朝着数字化方向迅速发展。

审计数字化是一个全新的概念，它将审计工作推向了一个新的维度，使其更加高效、准确和深入。但是，审计数字化并不只是一个简单的技术升级，它实际上代表了审计行业全面实现信息化的一个重要里程碑。

（1）审计数字化建立在大量信息的基础上。审计工作本质上是一个信息处理的过程，包括收集、整理、分析和解释信息。在过去，审计师尽管已经有了基础的信息化工具进行辅助，但很多工作信息的来源和处理依然依赖于纸质文档和人工处理，这不仅效率低下，而且容易出错。然而，随着数字技术的发展，审计师现在可以利用各种工具和平台来处理和分析大量的数字信息，从而大大提高了审计的效率和准确性。在这个过程中，信息不仅在数量上得到了极大的扩展，而且在质量上也得到了显著的提高。

（2）审计数字化需要对信息进行深入的分析和理解。在数字化的环境中，审计师不再只是被动地接收和处理信息，而是需要主动地搜索和发掘信息，深入理解信息背后的含义和趋势。这需要审计师具有强大的数据分析能力，以及对业务、市场和法规的深入理解。这种深入的信息分析能力是审计信息化的核心，也是审计数字化的重要特征。

（3）审计数字化意味着需要利用信息来优化审计流程和决策。在数字化的环境中，审计师可以利用信息技术来自动化和优化审计流程，提高审计的效率和效果。同时，审计师也可以利用信息来支持和改善审计决策，提高审计的质量和公信力。这种对信息的系统性和战略性利用，是审计信息化的一个重要方向，也是审计数字化的一个关键要素。

（4）审计数字化需要审计师具有信息技术的知识和技能。在数字化的环境中，审计师不仅需要掌握传统的审计知识和技能，而且需要了解和掌握信息技术，包括数据分析、人工智能、区块链等新兴技术。这种对信息技术的需求和依赖，是审计信息化的一个重要标志，也是审计数字化的一个基本要求。

审计数字化不仅改变了审计师处理和分析信息的方式，而且改变了审计师与信息的关系。在数字化的环境中，审计师不仅是信息的使用者和处理者，而且也是信息的创造者和贡献者。他们可以利用数字技术来创建和分享有价值的信息，推动审计知识和实践的进步。这种对信息的主动和创新的态度，是审计信息化一个新的发展阶段，也是审计数字化的一个重要特征。

审计数字化还改变了审计师的角色和定位。在传统的审计环境中，审计师主要是业务的检查者和监督者。但是，在数字化的环境中，审计师不仅需要承担起这些角色，还需要成为业务的顾问和伙伴。他们需要利用信息和技术来帮助企业改进业务、降低风险、提高效率。这种角色的转变，是审计信息化一个深刻的影响，也是审计数字化的一个重要趋势。

综合来看，审计数字化实际上是审计信息化一个全新的发展阶段，它将审计带入了一个全新的、数字化的、信息化的时代。

（三）审计数字化的应用进阶

审计数字化应用分为四个阶段，经历了从单项应用到整合化应用，再到一体化平台应用，最后到"审计云"应用阶段。每个阶段都代表了不同的技术应用和审计工作需求的变化，如图1-5所示。

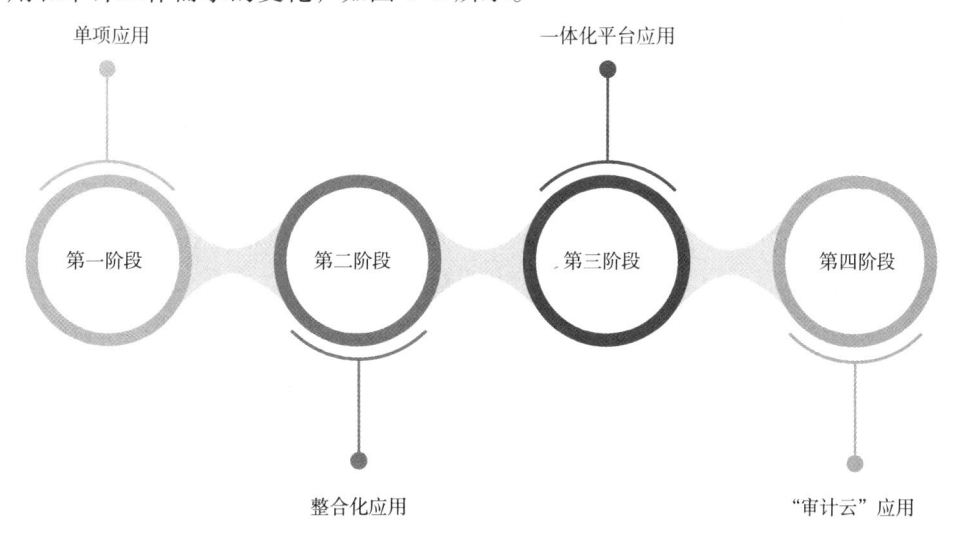

图 1-5　审计数字化的应用进阶

第一阶段：单项应用

在这个阶段，审计数字化主要集中在单一的系统应用上，涉及单一处室应用或者涉及业务的单一环节应用。这一阶段的技术相对较为简单，审计系统还处在起步阶段。审计数字化主要以手工或半自动化的方式进行，缺乏统一的标准和规范。这导致了审计工作的效率较低，数字化水平有限，数据分析和管理能力较弱。但这个阶段为审计数字化的发展奠定了基础，为后续的整合和发展提供了经验和借鉴。

第二阶段：整合化应用

审计数字化开始向整体业务进行整合。各子系统之间的数据交换和信息共享成为关键问题。然而，由于各子系统采用的技术架构不同，整合难度较大，维护运营成本较高，应用效果可能不佳。这一阶段的挑战在于如何有效地整合不同的技术架构，实现数据和信息的统一管理，从而提高审计工作的效率和质量。

第三阶段：一体化平台应用

此时，审计数字化发展到一个新的高度。统一的技术平台使各子系统的整合变得更加简单，系统的扩展性和适应变化性得到了显著提高。这使审计工作能够更好地适应新的业务需求和技术变革。审计数字化的应用范围不断扩大，覆盖了审计工作的各个方面。这一阶段的审计数字化水平相对较高，能够为审计工作提供强大的技术支持，提高审计效率和准确性。

第四阶段："审计云"应用

数字时代来临，审计数字化发展进入了云计算、大数据和移动应用的时代。审计云平台可以实现实时动态大数据获取、管理和应用，大大提高了审计工作的效率和质量。同时，移动审计和移动指挥能够让审计人员在任何时间、任何地点都可以轻松地完成审计任务，实现了审计工作的高效和便捷。此外，PAAS应用服务云部署使审计资源的利用更为高效，降低了审计成本。在"审计云"应用过程中，审计数字化的发展不仅局限于技术层面的提升，还包括了对审计理念、方法和流程的创新。审计人员需要具备更强的数据分析和处理能力，以适应大数据时代的审计要求。同时，审计机构也需要对审计流程进行优化，提高审计的针对性和实效性。此外，随着云计算、大数据和移动应用的广泛应用，审计信息安全成了一个不容忽视的问题。审计机构需要在保证审计工作高效运行的同时，重视信息安全防护，确保审计数据和信息的安全性。

未来，审计信息化的发展将继续深入。人工智能、区块链等新兴技术将逐步应用于审计领域，为审计工作提供更加智能化和高效的支持。审计机构需要紧跟技术发展的步伐，不断提升审计数字化水平，为审计工作的高质量发展提供有力保障。

第二章 基础内容：高校审计概述

在当前社会的大背景下，高等教育作为一项重要的社会公共事业，其质量的好坏直接关系到国家的人力资源培养和社会经济发展。在这个过程中，高校审计无疑扮演着至关重要的角色。而为了更好地理解和掌握高校审计，需要对其进行全面、深入的探讨和研究。在高校审计的主要内容方面，审计工作并不仅仅局限于财务审计，更涉及了教学质量、科研成果、内部管理等多方面的内容。这是因为，高等教育的目标并非只是经济效益，其更重要的目标是培养人才、提升科研水平、服务社会。因此，高校审计的内容也必然需要全面、综合，能够反映高校的各项工作情况。再看高校审计体系，国家审计、内部审计、社会审计共同构成了高校的审计体系，以此来更好地服务高校的发展。高校审计的职能定位也是需要深入理解的。在传统的审计理论中，审计的主要职能是监督、鉴证。然而在高校环境中，审计的职能需要更加宽广和深入。除了监督和鉴证外，高校审计还需要承担咨询、预警、改进等职能，为高校的健康发展提供全方位的支持。在这个过程中，高校审计不再是单纯的外部监督，而是成为高校内部管理的重要组成部分。而为了更好地发挥审计作用，就需要对高校审计进行深入的理解和研究，这也是本章接下来要探讨的重点。

第一节　高校审计体系

一、国家审计

（一）国家审计的概念与重要性

国家审计是指由国家监察机关对政府部门、国有企事业单位、社会团体等单位的经济活动进行监督和审计的一种制度。其主要目的是检查和审计这些单位的财务收支、会计核算、资产管理等方面，保障国家经济财务的安全和合法性，促进国家经济的健康发展。

由此可知：在高校审计体系中，国家审计指由国家审计机关开展针对高校的审计工作，审计的主体是国家审计机关，审计的对象是高校。

国家审计是现代国家治理体系的重要组成部分，也是国家监管制度的重要组成部分。其重要性主要体现在四个方面：一是保障国家经济财政安全，国家审计可以发现和纠正财务违规行为、防范和化解经济风险，保障国家财政、金融和经济安全。二是促进政府部门、国有企事业单位等单位的规范运行，国家审计可以检查和评估这些单位的经济活动是否合法、规范、透明，发现和纠正管理漏洞和问题，推动其规范运行。三是提高国家财政资金利用效率，国家审计可以评估政府部门、国有企事业单位等单位的财务收支情况、资产管理情况等，发现和纠正浪费现象，提高国家财政资金利用效率。四是促进社会公平正义，国家审计可以发现和纠正财务违规行为，保障国家和人民的财产安全，促进社会公平正义，维护社会和谐稳定。

（二）国家审计在高校审计体系中扮演的角色

在高校审计体系中，国家审计机关扮演着无可替代的角色。其主要职责是对高校的财务收支情况、会计核算、资产管理等方面进行监督和审计，保障高校财务安全和合法性，促进高校的规范经营和科学发展，如图 2-1 所示。

图 2-1　国家审计在高校审计体系中扮演的角色

1. 提醒者

国家审计首先会提醒高校领导关注高校审计治理。审计监督是党和国家监督体系的重要组成部分，《中华人民共和国宪法》对实施审计监督作出了明确规定。为强化党管审计，2018年5月23日，党中央召开中央审计委员会第一次会议。随后，为进一步宣传审计，审计署在2018年9月末启动了"新时代新作为—国家审计走进高校"财经法治宣传教育活动。这在一定程度上提醒高校领导正视高校审计工作存在的问题，真正领悟到党和政府号召高校站在政治的高度来认识教育审计治理活动的用意，从而使高校领导能够站在提高高校治理能力的角度来严格控制高校审计治理活动，保证高校审计治理活动受到校内各方的理解与支持。

2. 监督者

国家审计可以被视为高校审计工作的监督者。国家审计机关对高校的审计工作是有监督权的，其审计报告的出具可以揭示高校在财务管理、资产管理、经济活动等方面存在的问题和不足，为高校提供改进的方向和思路。因此，高校应当高度重视国家审计的意见和建议，将其作为学校内部审计工作的重要参考和指导。

同时，国家审计还可以推动高校内部审计工作的改进和提升。在国家审计的监督下，高校内部审计部门需要发挥更大的作用，加强对财务收支、会计核算、资产管理等方面的监督和审计，发现和纠正管理漏洞和问题。这不仅可以提高高校的财务管理水平，还可以提高高校的经济效益和社会效益，为高校的可持续发展打下坚实的基础。

3. 引领者

国家审计在高校审计体系中扮演着引领者的角色。国家审计机关在对高校的审计工作中，不仅要求高校内部审计工作要符合国家审计标准和规范，还要求高校内部审计工作要具备先进性。

国家审计进入高校可以在某种程度上推动高校审计工作由人到队，总体与国家审计高水准、严要求接轨，使其业务工作始终保持先进性，提高其在高等院校教育内审治理工作中的层次与素质，满足高校长远教育发展战略要求，保障高校审计工作独立性与权威性。

在国家审计的引领下，高校内部审计工作应当不断地学习国家审计的新理念、新方法和新技术，不断提高审计工作的水平和质量。同时，高校内部审计工作应当采取措施，加强内部管理，提高工作效率，确保审计工作的严格性、客观性和公正性。

4.规范者

国家审计对于高校审计工作而言还是一个规范者,国家审计提升了高校审计治理的规范度。随着我国高等教育进入新时代,高校审计工作面临着全新的挑战与机遇,如何更好地开展高校审计治理工作成为摆在广大教育工作者面前亟待解决的问题。

目前,国家审计机构对高等院校教育审计治理非常重视,并将其确定为确保高校教育事业高质量发展的重要组成和坚强保证。高校审计工作受到国家审计部门的监管和引导,审计规章制度的建立和完善将符合国家审计所遵循的政策法规约束,以强有力的制度约束做保障,促进高校内审工作通过系统化、规范化的审计方法来强化和改进高校管理审计、绩效审计、风控治理等工作,高标准、依法、独立地完成组织审计治理活动,帮助高校各个组织实现自身发展管控目标。

(三)国家审计对高校审计的关注重点

对于高校审计来说,国家审计要着重分析高校运行与管理存在的薄弱环节与风险点以及高校运行过程中的效率与效益,注重高校在人才培养、科学研究以及社会服务等领域为国家、为社会所做的贡献。

1.党和国家对高教工作方针、政策、决策的落实情况

国家审计首先关注高校对《中华人民共和国教育法》和《中华人民共和国高等教育法》的贯彻落实情况,以及对党中央、国务院部署的重大教育方针、高校改革发展、国家教育收费、国家奖学金与助学金、合作办学政策等的实施。还要重视在高校发展进程中,影响高等教育事业的体制和机制问题,针对当前高校财务管理工作所面临的主要问题提出了相应的解决对策。对这些问题应深入分析研究并有针对性地提出审计建议,以推动高校主管部门及高校持续加强管理、调整工作思路、堵塞漏洞、完善制度。

2.高校基本建设项目管理情况

国家审计对高校基本建设管理项目的关注主要在四个方面:第一个方面是制度完善情况,高校有无基本建设管理制度,有无重大基本建设项目评估机制,有无专家咨询、会议讨论及集体决策等制度。第二个方面是执行情况,有无按照规定建设程序审批实施,能否按照国家有关规定编制年度投资计划、确定投资规模和资金筹措渠道,还有建设项目勘察、设计、施工、监理以及主要

材料设备的采购是否严格按照招标投标法、政府采购法的相关规定进行。第三个方面是决算审计，注意高校基建竣工时有无审计基建项目的竣工决算，能否按时完成竣工决算和结转固定资产。第四个方面是资金使用情况，建设项目的经费是否专款专用，按照规定标准支出，是否根据工程进度合同规定拨款，有无变更资金运用性质。

3. 科研经费的管理使用情况

国家审计着重注意科研经费有无纳入高校财务部门统一管理和专款专用的情况，有无利用科技经费增加人员津贴补贴和重复购买设备及虚列开支、胡花乱支和利用内容和数额不符合实际情况的虚假发票挪用经费的情况，注意揭示科研项目的结题不结账、违规多提人工费用和管理费及科研项目的重复申报现象，检查科研成果的推广应用与转化转让及其中有无国有资产的流失情况。

4. 高校资产的管理与处置

国家审计会注意高校有无资产不入账、资产闲置或损失浪费现象，有无挪用财政资金进行委托理财、买进股票、为了取得高额利息而在非银行金融机构存款中形成亏损的现象；审核高校是否制定了有关对外投资（包括用学校的知识产权进行投资）和资产处置的管理制度，对外投资和资产处置决策是否经过科学论证和民主决策程序，是否按规定报财政部门批准或备案。着重研究对外投资有无监管机制和作用以及投资收益分配和运用是否合规等问题；土地和其他资产处置有无评估、有无弄虚作假、有无国有资产流失。

5. 高校创办企业和对外投资情况

高校大力发展校办产业是发挥高校在人才、学科、装备、信息方面丰富的综合优势，推动科学技术向现实生产力转化的一条重要途径，这对产、学、研三者结合，开展理论联系实际，加快科技成果转化，增加高校收入，提高教育质量，改善办学条件等均起着重要作用。但是，在实践中，高校与校办企业之间的产权关系确实需要明晰。产权的划分应该以高校投入的资本为依据，这样才能保证各方的权益得到保障，也能够有效地协调校企之间的关系。同时，高校应该加强对校办企业的管理和监督，确保其合法合规运营，避免出现不良影响。

在高校审计时，虽然校办企业是高校的组成部分，但并不是高校的直接业务，因此一般不对校办企业的资产、负债、损益和财务收支情况进行全面审计。相反，审计重点应该放在高校与校办企业之间的产权关系、财务关系及高校发展校办企业的目的和投资风险等方面，以确保高校与校办企业之间的关系合法合规，同时要监督资金使用情况，避免出现不良影响。具体来说，关注的重点是高校对校办企业的货币投入情况，要确保使用的资金来源合法合规，不得挪用事业经费和代管经费。

此外，还需要确保校办企业的有形资产和无形资产经过了合理评估，正确反映其价值，避免高校投资的风险。同时，国家审计需要监督校办企业是否合理计价向高校缴费，是否按规定向高校上缴利润或分成。此外，还需要评估校办企业的管理现状和发展前景，确保高校投资的回报和对教学科研的支持程度。总之，审计校办企业需要全面关注高校与企业之间的合法合规关系和高校的投资风险管理。

6. 高校的对外合作办学和办班

公办大学联合私立学校、机构开办部分二级学院或者联合办班，这种合作模式是目前高等教育领域的一种新趋势。这种合作模式的优势是可以充分利用私立学校、机构的教育资源，弥补公办大学在一些方面的不足，同时可以帮助私立学校、机构提升其教育水平和知名度。

此外，这种合作模式还可以实现教育资源共享，提高教育质量，为学生提供更多的专业选择和升学机会。

但是，这种合作模式也面临一些挑战和风险，因而也是国家审计的关注重点。在审计公办大学与私立学校、机构合作办学时，需要关注各种风险和问题，如资金、无形资产是否得到足额确认，是否存在低价股权入股等问题。同时，还需要关注合作办学过程中的收费是否合法，所取得收益的分配是否合理，是否存在高校应享有的办学收益被侵占等问题。此外，还需要关注校企合作情况，特别是合作模式、收费依据、资金管理、办学效果、存在问题等方面。审计人员应该提供建设性意见和建议，以促进完善校企合作模式，提高合作效果。总之，在审计公办大学与私立学校、机构合作办学时，需要全面关注各方面的风险和问题，确保合作的顺利实施，并为促进合作提供有价值的建议，促进合作的顺利实施，实现共赢。

7. 高校的收费与管理

国家审计关注高校是否存在无依据收费、扩大范围收费的违规收费问题，其中特别关注在招生、新生入学、在校学习考试、后勤服务、毕业离校等环节有无违规收费。这些违规收费包括各种名义向学生收取国家规定以外的其他费用，以及以各种理由、名义向学生收取捐款，或违反自愿原则强制收取服务性费用等。此外，还要关注是否存在隐瞒、截留、转移、坐支各项收费资金问题，以及学校是否存在收取的费用不入账、不上缴财政专户、私设"小金库"等情况。同时，还要高度关注学生教材折扣款应退未退的问题。

这些违规收费行为会严重侵害学生权益，也会影响高校的声誉和形象。因此，国家审计应该加强对高校收费的监督和管理，严格按照国家规定的收费标准执行，杜绝违规收费行为。同时，高校也应该加强对收费的管理和监督，确保收费透明公开、合法合规。最终目标是保障学生权益，提高高校的管理水平和声誉。

二、内部审计

（一）高校内部审计的概念与准则

按照2020年5月1日起正式施行的《教育系统内部审计工作规定》的内容："内部审计，是指对本单位及所属单位财政财务收支、经济活动、内部控制、风险管理等实施独立、客观的监督、评价和建议，以促进单位完善治理、实现目标的活动。""内部审计机构应当在本单位主要负责人的直接领导下开展内部审计工作，向其负责并报告工作。"

由此可知：在高校审计体系中，内部审计指由高校内部组建的审计机构开展针对自身的审计工作，审计的主体是高校审计机构，审计的对象是高校自身。

高校内部审计机构在审计过程中应当遵循《中华人民共和国审计法》《审计署关于高校内部审计工作的规定》及相关法律法规，严格执行内部审计制度，保证审计业务质量，提高工作效率。内部审计人员办理审计事项，应当严格遵守内部审计准则和内部审计人员职业道德规范，做到独立、客观、公正、保密。

具体在实践过程中应遵循以下准则，如图2-2所示。

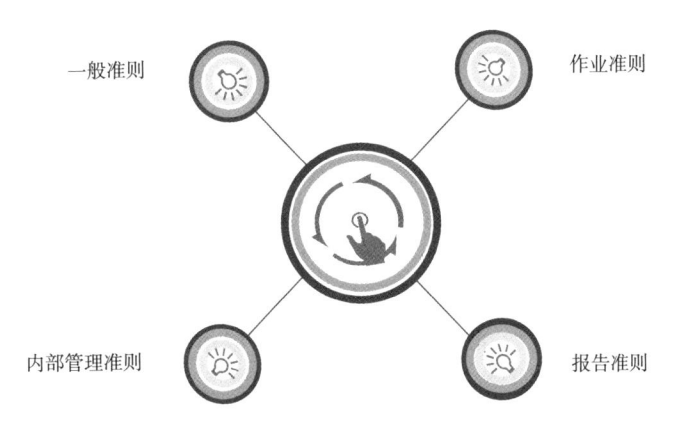

图 2-2　高校内部审计的准则

1. 一般准则

高校内部审计机构的设置应考虑组织的性质、规模、内部治理结构及相关规定，并配备一定数量具有执业资格的高校内部审计人员。机构应建立有效的质量控制制度，并积极了解、参与组织的内部控制建设。审计人员应具备必要的学识及业务能力，遵循职业道德规范，保持独立性和客观性，不负责被审计单位的决策与执行，以应有的职业谨慎态度执行审计业务。同时，审计人员应具有较强的人际交往技能，能恰当地与他人进行有效的沟通。

2. 作业准则

高校内部审计人员在审计过程中，应充分考虑重要性与审计风险的问题，制订审计计划并做出合理安排。在实施审计前，应向被审计单位送达通知书，并做好必要的审计准备工作。应深入调查、了解被审计单位的情况，采用顺查法、抽样审计等方法，获取充分、相关、可靠的审计证据，以支持审计结论和建议。在审计过程中应积极利用计算机进行辅助审计，并将审计程序的执行过程及收集和评价的审计证据，记录于审计工作底稿。同时，审计人员应在考虑组织风险、管理需要及审计资源的基础上，充分考虑审计重点与风险，以确保审计工作的有效性和公正性。

3. 报告准则

高校内部审计人员在实施必要的审计程序后，应出具客观、完整、清晰、及时、具有建设性的审计报告，以经过核实的审计证据为依据。审计报告应包括审计目的、范围、结论和建议，并体现重要性原则，同时应声明是否遵循中国高校内部审计准则的规定。若存在未遵循该准则的情形，审计报告应对其作出解释和说明。

为确保审计报告的质量，高校内部审计机构应建立审计报告的分级复核制度，明确各级复核的要求和责任。此外，高校内部审计人员还应进行后续审计，促进被审计单位对审计发现的问题及时采取合理、有效的纠正措施。在编制审计报告时，应说明审计的目的和范围，包括对被审计单位财务、业务、管理等方面的审计。审计人员需要通过对有关记录和文件的检查、访谈和观察等方法，获得足够的审计证据，以支持审计结论和建议的提出。同时，审计报告应当包括被审计单位的反馈意见，并要求被审计单位对审计结论和建议作出响应。

审计人员在编制审计报告时应当遵循客观、完整、清晰、及时、具有建设性的原则，确保审计报告的内容真实、准确、充分。审计报告应当通过通俗易懂的语言，使审计结论和建议得以清晰地表达，同时具有可操作性和可实施性，提高被审计单位的管理水平和经济效益。

4. 内部管理准则

高校内部审计机构负责人在审核高校内部审计工作时，应确保年度审计工作目标的确定，制订年度审计计划、人力资源计划和财务预算，并根据《审计署关于高校内部审计工作的规定》和中国高校内部审计准则，结合本组织的实际情况，制定审计工作手册，以指导高校内部审计人员的工作。

为确保高校内部审计机构的内部激励约束制度的有效性，高校内部审计机构负责人应建立内部激励约束制度，对高校内部审计人员的工作进行监督、考核，并评价其工作业绩。同时，应与适当的管理层合作，确保组织能够得到必要的支持和监督。

在组织与外部审计的协调工作方面，高校内部审计机构负责人应确保与外部审计人员的紧密合作，以便协调审计工作的进度和结果，确保审计结果的准确性和可靠性。此外，高校内部审计机构负责人还应确保审计人员遵循标准审计程序和规程，以保证审计报告的质量和可靠性。

（二）高校内部审计的作用

高校内部审计具有四个方面的作用，如图2-3所示。

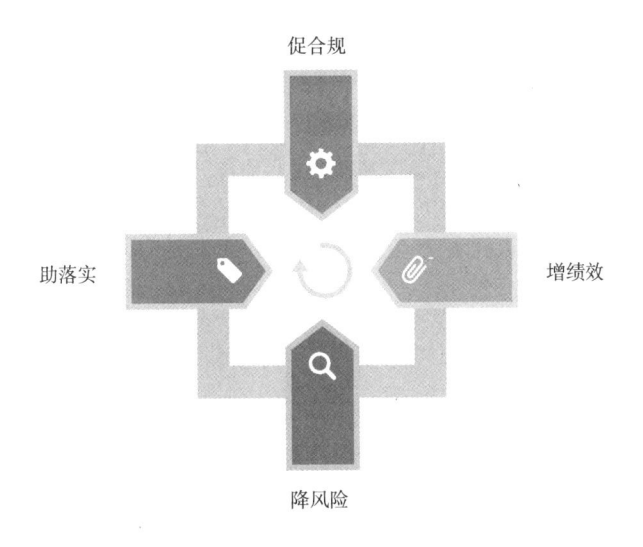

图 2-3　高校内部审计的作用

1. 促合规

高校内部审计的作用首先体现在促进高校经济与业务活动的合规方面。高校内部审计能够对高校经济活动和业务活动的合规性进行审计监督，这是其基本职责之一。高校内部审计会根据高校内部审计准则和相关法规，对高校内部的财务、业务、管理等方面进行全面的审计，通过对会计资料和其他经济活动资料、业务活动资料的审核，来发现经济活动和业务活动合规性方面存在的问题，以发现问题、纠正错误，确保高校经济与业务活动的合规性。同时，高校内部审计能够在分析问题成因的基础上，提出针对性的解决问题建议措施，以帮助高校改进管理，促使高校经济活动和业务活动更加符合国家法律法规和高校规章制度。另外，高校内部审计还会对高校的风险管理、内部控制等方面进行评估和改进，以提高高校经济与业务活动的合规性，保障高校的可持续性发展。

2. 增绩效

高校内部审计工作之一就是监督高校资金使用的情况，提升财务收支、经济活动和业务活动的绩效，从而保证高校内部的经济发展和业务运营的有效性。具体地说，高校内部审计需要通过审计监督，发现财务收支、经济活动和业务活动在有效性方面存在的问题，如部分经费流失、资产闲置、设备老旧、教学效果不佳等。通过内部审计发现这些问题，并提出相应的解决建议。例如，建议高校削减部分无效支出，采购新设备以提高设备利用率，优化教学内容提高教学效果等。这些解决建议可以帮助高校提高财务收支、经济活动和业务活动的有效性，提升高校的绩效水平。此外，内部审计还可以帮助高校进行绩效评估，为高校提供各方面的数据和信息，以便高校更好地了解自己的运营情况和内部管理情况，从而着力改善薄弱环节，提升自身绩效水平。

3. 降风险

高校内部审计对高校内部控制及风险管理情况进行审计监督，可以降低高校风险。当前，高校面临着内外部环境日益复杂、经济活动规模不断扩大、经济活动内容纷繁复杂等现实情况，导致高校可能产生各种经济风险。

（1）高校内部审计可以通过对高校内部控制进行评估和测试，判断经济活动和业务活动潜在的风险以及可能造成的影响，以便高校及时采取措施进行风险防范和控制，从而有效降低风险。具体来说，内部控制是高校内部管理体系的重要组成部分，能够帮助高校发现潜在的风险，并采取措施加以控制。审计人员在进行内部控制审计时，会对高校的内部控制制度、流程、风险评估、风险防范等方面进行评估和测试，以发现潜在的风险和弱点，提出相应的解决建议，从而降低风险。

（2）高校内部审计还可以通过审计建议来促进高校建章立制，完善内部治理。具体来说，审计人员在发现高校内部存在的问题后，会提出相应的解决建议，如完善内部控制制度、加强人员管理、规范经济活动流程、建立风险评估和预警机制、建立风险应对预案、制订风险管理计划等，以帮助高校建立健全的内部管理体系和风险管理策略，预防各种经济风险的发生，或将各类风险控制在可承受的范围内。

4. 助落实

高校内部审计是国家审计监督体系中的一项重要内容，承担着监督党和国家重大政策贯彻落实的功能。随着我国高等教育改革的不断深入，高校办学自主权不断增加，高校内部审计工作面临着新形势和挑战。在新时代，高校内部审计是顺应时代发展需要，助力高校战略落实的重要路径，可以强化对国家重大政策及高校发展规划和战略措施实施情况的检查与督促，发现并反馈实施过程中出现的问题并督促其纠正，促进国家重大政策措施及高校发展规划与战略措施得到有效贯彻落实。

（三）高校内部审计的转变与重点

随着高等教育的蓬勃发展，高校的规模日益扩大，各类经济活动频繁，财政财务收支越发庞大。这就要求高校内部审计部门必须提升工作效率，更好地发挥内部审计监督职能作用，以促进高等教育事业的持续健康发展。

在这一背景下，高校内部审计的工作内容和审计环境也在不断发生变化，其在高校治理法治化进程中的角色变得越发重要。然而，传统的以"检查财务账目"为主的审计模式已经无法满足对高校发展风险防控，提质增效，保驾护航等多元化的需求。因此，高校内部审计正必须由结果审计向全过程审计转变。

全过程审计，即从监督型审计向服务型审计的转变，更能发挥出审计服务于发展的根本要求。不仅是财务审计，还包括资产管理、经济合同、基本建设等多个方面。这是一个既复杂又重要的任务。以下是具体分析。

对高校财务收支及管理的全过程审计是内部审计的首要任务。审计人员需要深入到收、支两个方面，从高校的财政补助收入、上级补助收入、事业收入、附属单位上缴收入及其他收入开始，审查收入是否合法、合规，是否实行了高校财务层面的统一管理、统一核算。同时，对高校所发生的所有事业支出、经营性支出、对附属单位补助支出、上缴上级支出及其他支出进行审计，看看是否严格按照有关财政的各项要求，有无虚假支出，违反有关规定发放钱、物以及其他违纪问题。

然而，审计工作的重点并不止于此。对资产管理的全过程审计也是一个重要环节。这包括对资产购置和使用的有效性进行审计，看看资产对外出租和处置是否合规，是否经过审批、备案和招标，处置收入是否上缴财政，以及资产账目是否账实相符等。

在经济全球化的大背景下，高校的经济合同日益频繁，因此，对高校经济合同的全过程审计也非常重要。现在，许多高校已经把内部审计部门纳入经济合同的会签部门。这使内部审计部门不仅参与到经济合同执行情况与项目完成的验收工作中，还可以对经济合同的审批程序、合同内容和执行情况进行全面监督，以确保合同的公平性、完整性、真实性和合法性。内部审计部门需要确保经济合同的签订有严格的审批程序，制定签订合同所要求的管理制度，执行会签的程序，并且在签订合同之前，是否根据政府采购的要求和流程进行了招标来选择供应商。审计人员还需要对合同中的各项条款与内容进行仔细检查，看看是否真实完整，关键词和条款中的专业词汇是否表述详尽清晰，合同签订是否经过了高校的法务部门或律师的签署意见。

对基本建设、维修（修缮）的全过程审计也是一项重要工作。这包括对项目立项、环评、设计、招标、工程结算等各个环节进行审查，查看是否合法、合规，是否按照预定的计划和标准进行。审计人员需要对建设项目各个环节的合法、合规性提出审计意见，为高校决策层做出决策提供重要的参考依据。同时，审计人员也需要对工程财务决算进行严格的审计，看看是否符合有关财政的各项要求，有无虚假支出，违反有关规定发放钱、物以及其他违纪问题。

总的来说，高校内部审计的全过程审计工作覆盖了财务收支、资产管理、经济合同以及基本建设等多个方面，旨在通过全过程的监督，以确保高校的经济活动合法、合规，促进高校的持续健康发展。全过程审计不仅需要审计人员具备专业的审计知识和技能，更需要他们有敏锐的观察力，以便在复杂的经济活动中发现问题，提出解决方案。在此过程中，高校内部审计部门的作用不仅仅是监督，更是为高校的发展提供服务，为高校的决策层提供重要的参考依据。

（四）高校内部审计结果运用

高校内部审计的实质并不仅在于审计的结果，更在于如何将这些审计结果有效地运用在高校的日常工作中，以推动高校的自我完善和自我革新。审计的价值并不仅仅体现在审计结果是否被接受，更重要的是，被审计单位和个人是否能够全盘接受审计所提出的问题，并认真地按照审计意见进行整改。只有审计结果得到了有效运用，内部审计工作才能真正发挥其作用。

具体来说，审计结果的运用可以在以下四个方面体现出来。

（1）一个重要的应用场景是在干部任期监督管理中。内部审计可以提供对领导干部工作的重要依据，从而更好地推动领导干部履职尽责。通过高校干部任期（离任）经济责任审计的开展，可以发现并解决领导干部在管理工作范围内的问题，如"三重一大"决策制度执行情况、经济业务活动中的遵纪守法情况等，为高校组织部门考评干部提供了重要依据。这有助于推动领导干部的履职尽责，担当作为，从而提升高校的治理效能。

（2）内部审计结果的运用在全面从严治党中也具有重要价值。高校干部任期（离任）经济责任审计可以看作预防和惩治腐败体系构建过程中的重要环节，可以对干部手中权力的行使形成有效约束和监督。通过这样的审计，高校可以推进干部廉洁自律，依法合规、科学民主决策，防范高校经济案例的发生。从而加强高校将全面从严治党落到实处的实践力度，有效预防和打击腐败行为。

（3）审计结果的运用也在防范财务管理风险中发挥着至关重要的作用。内部审计部门可以及时发现并纠正高校和下属部门（单位）在财务收支中存在的问题和违规情况。通过这种审计工作，可以促进高校和部门的健康发展，督促其各职能部门认真贯彻执行国家财经法规，完善工作中的各类经济行为，有效防范并降低财经管理风险。这对于维护高校的经济安全，保障高校的平稳运行有着重要意义。

（4）高校内部审计结果的运用还体现在开展内部控制评价上。各高校应积极建立健全高校经济活动内控机制，通过内部审计部门对内控的评价，可以关注到高校各类经济活动内部控制的科学性、全面性和有效性。在审计过程中，重复出现的问题需要深入研究与分析，通过从体制和制度等层面来探寻问题的根源，从而提出合理化的解决意见和建议。这样的审计结果的运用，能够促使高校层面和下属部门（单位）完善管理制度、理顺工作流程，进一步推动高校依法治校的改革，找到良性发展的思路。

这些审计结果的运用，使内部控制在高校真正地发挥作用，为高校的持续改进和发展提供了重要的引导和支持。此外，内部控制的有效运用也有助于提高高校经济活动的效率和效益，降低高校经营风险，保障高校的健康、稳定和持续发展。

三、社会审计

（一）社会审计的概念与相关介绍

1. 社会审计的概念

社会审计，又称为注册会计师审计或独立审计，是一种专业的、有偿的、独立的审计活动，由注册会计师依法接受委托进行。社会审计制度的确立是中国实行改革开放政策，建立社会主义市场经济体制的必然要求，它在推动改革开放和经济发展中发挥了重要作用。

2.社会审计的起源

社会审计的产生源于财产所有权和管理权的分离。在现代企业制度中,企业所有权人通常并不直接参与企业的日常运营管理,而是由聘请的管理人员进行。这种所有权与管理权的分离,既提高了企业的运营效率,也可能导致信息不对称,甚至滋生欺诈和腐败行为。社会审计作为一种独立的第三方审计,就是为了解决这种问题,通过对企业财务和非财务信息的审查,来保障信息的真实性和公正性。

3.社会审计的实施主体

社会审计的实施主体主要是民间的审计组织,如会计师事务所和审计师事务所等。这些组织通过接受企业的委托,对被审计单位进行审计。值得注意的是,社会审计只有在接受委托时,才能对被审计单位进行审计,审计的内容和目的决定于委托人的要求。这种特性使社会审计具有很高的灵活性,可以根据委托人的需要,对不同的领域和问题进行审计。同时,社会审计在进行审计时,享有与国家审计机关同样的审计监督权,可以对被审计单位进行全面、深入的审查,保证审计结果的准确性和公正性。

4.社会审计的主要工作

(1)社会审计要对中外合资企业的经济活动和外资独营企业的经济活动进行审查。这是因为,中外合资企业和外资独营企业在中国的经营,涉及国家的利益和安全,因此,对其经济活动的审查,就成为了社会审计的重要任务。

(2)社会审计还要为社会提供咨询服务。这是因为,社会审计具有专业的审计知识和丰富的审计经验,可以为企业和社会提供专业的咨询服务,帮助他们理解和解决财务和非财务方面的问题。这种咨询服务,不仅可以提高企业的运营效率和经济效益,还可以提高社会的经济效率和公平性。

(3)社会审计还需要对上市股份公司的财务报告进行审查和验证。这是因为,上市公司的股票在公开市场上交易,其财务信息的真实性和公正性直接关系到投资者的利益和市场的公平性。因此,社会审计对上市公司的财务报告的审查和验证,就成为其重要的任务。

5.社会审计的独特价值

社会审计的独立性和权威性是其价值的核心。独立性体现在社会审计是一种独立的第三方审计,不受被审计单位和委托人的影响,可以公正、客观地进行审计。权威性体现在社会审计是由专业的注册会计师进行，他们具有专业的审计知识和丰富的审计经验，可以提供权威、可靠的审计结果。

（二）社会审计对高校的作用

购买社会审计服务，是国家政策的明确要求。2018年，《审计署关于内部审计工作的规定》已明确允许，除涉密事项外，内部审计机构可以根据工作需要向社会购买审计服务，并对采用的审计结果负责。这一政策的实施，使社会审计服务在高校内部审计中得到了广泛应用。

于是，近年来，我国在审计工作上的发展迅猛，不仅加大了审计力度，创新了审计方式，提高了审计效率，而且实现了审计监督的全覆盖。在审计人力资源不足与审计任务需求日益增长的矛盾下，购买社会审计服务已成为解决问题的重要方式，特别是在高校审计中。

社会审计是一个涵盖多元领域的审查体系，其应用于高校可以为高校提供多方位、多层次的审计服务，而这种服务并不仅局限于财务领域，更广泛地涵盖了高校的各个运营环节，从而实现了对高校的全面监督和管理。

具体的作用如图2-4所示。

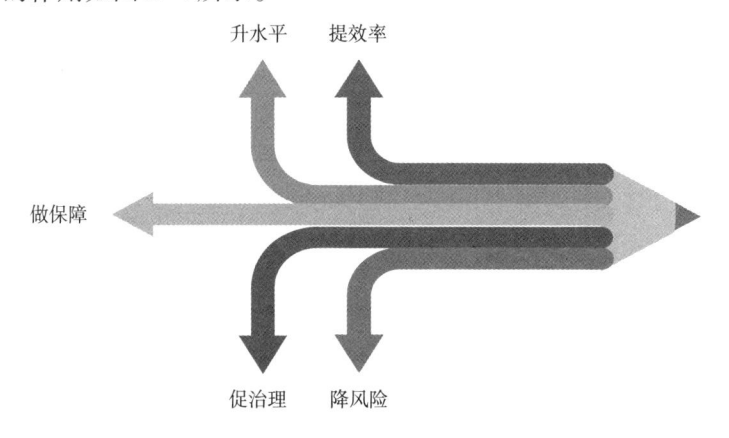

图2-4 社会审计对高校的作用

1. 提效率

从增强审计监督的角度来看，社会审计的引入无疑能够有效提升高校内部审计的效率。随着中国社会经济的不断发展，审计工作的重要性日益凸显，尤其是对于高校这种拥有大量资产和广泛业务的单位，对其审计工作的要求更是提升到一个全新的水平。然而，由于人力资源的紧张，传统的审计方式往往无法满足日益增长的审计需求。在这种情况下，社会审计的引入就显得尤为重要，可以有效地缓解高校内部审计力量的不足，提高审计效率，更好地满足审计需求，充分发挥审计监督职能。

2. 升水平

社会审计是充分利用审计资源的重要手段。现阶段，高校内部审计人员的素质并不均衡，专业背景也相对单一，这无疑限制了高校内部审计的能力。通过购买社会审计服务，高校不仅可以弥补内部审计力量的不足，同时能够利用社会审计机构的专业能力，提升审计水平，保证审计任务的顺利开展。

3. 做保障

社会审计是提升审计对高校治理作用的有效保障。高校内部审计和社会审计都是审计监督体系的重要组成部分，二者各有优势。社会审计具有广泛的政策接触面，开阔的思维方式和扎实的业务功底；而高校内部审计作为高校的组织机构之一，对高校的运行规律和特点有更深入的了解。高校审计部门在与社会中介服务机构合作中，可以取长补短、相互促进，实现更好地风险防控和管理服务，充分发挥内部审计对高校的治理作用。

4. 促治理

社会审计还对高校的内部治理产生了积极影响。社会审计为高校提供了一个全新的视角，使高校能够从更宏观、更客观的角度审视自身的运营情况和管理模式，从而有针对性地进行改革和优化。同时，社会审计的引入还有助于提高高校的透明度，增强公众对高校的信任，提升高校的社会形象。而在具体的审计实践中，社会审计能够利用其丰富的经验和专业知识，帮助高校进行精细化管理，提高管理效率。例如，社会审计机构在进行审计时，可以根据高校的实际情况，提出具有针对性的审计建议，如优化财务管理流程、改进内部控制体系等，这些都有助于高校提升管理水平，实现良性运营。

5. 降风险

社会审计也是一种高效的风险管理工具。在复杂多变的经济环境下，高校需要面对各种各样的风险，如财务风险、运营风险、信誉风险等。社会审计机构凭借其专业知识和经验，可以帮助高校及时发现和预防这些风险，确保高校的稳定和持续发展。

总的来说，购买社会审计服务，对于高校来说，不仅可以提高审计效率，弥补内部审计资源的不足，还可以提高高校的管理水平，加强风险防控，提升高校的社会形象，这是实现高校全面、科学、规范、高效管理的重要手段。社会审计的引入，让高校的内部审计工作走向了新的阶段，为高校的发展注入了新的活力。

（三）社会审计机构选择与参与方式

高校购买社会审计服务主要用于开展经济责任审计，作为内部审计的补充力量。而社会审计的质量一直是高校审计关注的核心，涉及专业胜任能力、独立性和能力，以及满足内部审计的要求三大关键因素。只有当这三个因素都得到满足时，高校才能确保通过购买社会审计服务有效地开展经济责任审计。

（1）社会审计机构需要具备专业的审计技能和专业知识，能够准确地评估被审计对象履行经济责任的情况。这包括理解和应用审计准则、理解高校的业务运行和财务管理、能够发现和评估风险，以及能够设计和执行有效的审计程序等。对于一些特殊的审计项目，如涉及复杂的经济交易或者高度专业化的信息技术，社会审计机构可能还需要具备特定的专业技能和知识。

（2）社会审计机构需要具备独立性和能力。独立性主要体现在社会审计机构应避免任何可能影响其判断和决策的利益冲突，而能力主要体现在社会审计机构应具备清晰、准确、完整地报告审计结果的能力。

（3）社会审计机构需要能够满足高校内部审计的要求。这包括能够按时完成审计任务、能够按照高校的审计程序和标准进行审计，以及能够有效地与高校内部审计人员进行沟通协调等。

针对高校的实际情况，具体可以采用项目参与式、专业聘用式和全部委托式三种方式购买社会审计服务。其中，项目参与式适用于内部审计人员专业能力强、社会审计能力一般的情况；专业聘用式适用于内部审计人力资源充足、被审计单位业务复杂，涉及大量信息科学技术业务、复杂经济往来业务的情况；全部委托式适用于内部审计人力资源紧张、合作中介机构水平基本可以满足要求的情况，同时适用于高校附属单位、所属企业等独立核算单位及后勤保障、通信网络技术等独立性较强、业务专业的部门领导干部的经济责任审计。

然而，购买社会审计服务并不意味着可以完全将审计工作外包，高校内部审计仍然需要负责对社会审计机构的工作进行指导、监督、检查和评价。同时，高校内部审计人员也需要与社会审计机构保持密切的沟通，及时了解审计进度和审计结果，提出审计建议和意见，从而确保社会审计服务能够满足高校内部审计的需求。此外，高校购买社会审计服务还需要注意合同管理。合同应明确审计服务的内容、时间、报酬等关键条款，以及违约责任等条款，从而保护高校的权益。同时，高校还应设立专门的机构或者人员负责审计服务合同的签订、执行和管理。

四、高校审计体系的协同配合

（一）准确一致的工作定位

高校审计体系中的国家审计、内部审计和社会审计，虽然在形式和功能上有所不同，但三者的工作目标是一致的，那就是推动高校的合规运营，保障高校财务活动的合法合规，推动高校内部管理的科学化、规范化和制度化，从而提高高校的整体运营效率和社会公信力。这个共同的目标为三者的合作提供了坚实的基础。

国家审计的主体是国家审计机构，其职能是通过审计工作，对高校的财务状况和经济活动进行独立、客观的评价和监督，从而保障国家和社会公众的利益。其工作目标是揭示和防止财务风险，提高财务管理水平，促进公共资源的高效利用，维护国家经济安全。

高校内部审计作为高校内部的审计机构，其职能是对高校的经济活动、财务管理和内部控制系统进行全面、系统的审计和监督，以提供决策依据，发现和防止风险，提高管理效率。其工作目标是推动高校内部管理的科学化、规范化，保障高校经济活动的合规性，提高高校的经济效益和社会效益。

社会审计作为独立的审计服务机构，其职能是根据高校内部审计的需求，提供专业的审计服务等。不过，当社会审计受聘于内部审计时，其角色也相应转变为内部审计的助手，必须着眼于推动学校内部管理来开展审计工作。因此，社会审计的工作目标是通过提供专业、独立的审计服务，帮助高校解决内部审计资源不足的问题，提高审计效率和审计质量，满足高校内部审计的需求。

总的来说，三者在各自的角色中，都秉持着推动高校合规运营，保障高校财务活动的合法合规，推动高校内部管理的科学化、规范化和制度化的共同目标。在实际工作中，三者需要通过良好的沟通和协调，实现角色互补，形成合力，共同推进高校审计工作的发展。通过共同努力，推动高校审计工作的不断提升，为推动高校的全面发展和社会进步做出积极贡献。

（二）相互配合的工作模式

高校审计体系中的国家审计、内部审计和社会审计，这三者之间的互动与配合，构成了一个高效运转的审计生态。这一生态的核心是相互信任和有效的信息沟通机制，而这又基于各方对审计专业准则的严格遵守和对公正、客观审计原则的坚持。

国家审计在高校审计体系中起着引领和监督的作用。国家审计通过发布审计标准、指导审计工作的实施，确保审计工作的公正性和准确性。同时，国家审计也通过对高校的审计，揭示出高校的经济责任履行情况，为高校的经济决策提供参考。在与内部审计和社会审计的配合中，国家审计需要保持开放的信息交流渠道，及时获取和反馈审计信息，以保证审计工作的连贯性和完整性。

高校内部审计主体是学校内部的审计机构，既要对学校内部的经济活动进行有效的审计，同时需要与国家审计和社会审计保持密切的配合，形成审计工作的合力。内部审计在与国家审计和社会审计的配合中，既要向国家审计提供必要的审计信息，也要有效利用社会审计的专业服务，提高审计效率和审计质量。

社会审计作为独立的审计服务机构，在与国家审计和内部审计的配合中，需要以专业的审计能力和高效的服务态度，满足国家审计和内部审计的需求。社会审计需要通过持续的学习和实践，不断提升自身的审计技能，提供高质量的审计服务。同时，社会审计也需要与国家审计和内部审计建立有效的信息交流渠道，确保审计工作的顺利进行。

在高校审计体系生态中，各方都应以公正、客观的审计原则为基础，以提高审计质量和审计效率为目标，共同推动高校审计工作的高质量开展。

（三）协同共赢的工作结果

在高校审计体系中，国家审计、内部审计和社会审计三者的协同工作，不仅使各方得到了发展和提升，也对高校的经济责任履行情况进行了全面、深入的评价，提高了高校的治理水平。

对于国家审计来说，通过与内部审计和社会审计的合作，能够更全面、深入地了解和评价高校的经济责任履行情况。国家审计机构可以借此机会及时发现和纠正高校的经济决策问题，提升高校的经济决策质量。

对于内部审计来说，通过与社会审计的合作，可以借用社会审计的人力资源解决内部审计人力、能力不足的问题。内部审计机构可以高质量、高效率地完成审计项目，同时吸收社会审计的专业经验应用于后续审计项目，从而提升自身的审计质量和审计效率。

对于社会审计来说，依托内部审计平台，可以吸取内部审计多年来累积的管理审计经验，拓展审计思路，提升审计水平。社会审计机构可以借此机会提升自身的专业技能和服务质量，开展更多元化的审计业务。

高校审计体系中的国家审计、内部审计和社会审计三者的协同共赢的工作模式，使各方得到了发展和提升，体现了各方的互相学习、互相支持和互相进步的合作精神，是推动高校审计体系持续发展的重要动力。

第二节　高校审计的主要内容

在高校审计体系中，内部审计是最主要也是最直接的主体，高校日常的审计工作基本都由内部审计机构来完成，因此，本书接下来所说的高校审计，一般指内部审计。

审计是管理监督控制体系的重要组成部分，是经济"卫士"，是经济运行的"免疫系统"。高校审计是对高等教育机构的财务状况和管理活动进行独立、客观的评估，以衡量高校财务活动的合规性、效率和经济性。

一、财务管理审计的主要内容

高校财务管理审计的主要内容包括财务管理体制、财务机构设置与人员配备、会计核算以及财务规章制度和内部控制制度等方面。

高校财务管理审计关注的第一个方面是财务管理体制是否符合国家有关规定。这主要涉及高校在制定和执行财务管理政策时是否遵循国家法律法规、行业标准和高校章程等。审计工作需要评估高校财务管理体制的合规性、合理性和高效性，包括检查高校在编制预算、审批支出、管理资金、报告财务状况等方面是否按照国家的相关法律法规和政策要求进行。同时，审计还需关注高校在财务管理过程中是否充分保障了资金的安全、合规和有效使用,以促进高校教育事业的持续健康发展。

高校财务管理审计关注的第二个方面是检查是否按照规定设置财务机构并配备合格的财务人员。这意味着审计工作需要关注高校财务管理部门的组织架构、人员配置、业务分工和岗位职责等方面。审计人员要评估高校财务部门的人员是否具备相应的资格和能力,能否胜任财务管理工作。同时,审计还需要关注高校一级财务机构是否对全校各项财务工作实行统一管理,评估财务管理工作是否高效和规范。

高校财务管理审计关注的第三个方面是会计核算是否符合会计法规和相关制度的规定。审计人员需要对高校的会计核算过程进行全面审查,评估其是否遵循国家会计准则、会计制度和财务报告要求,主要内容包括检查高校会计核算的完整性、准确性和时效性等。另外还需评估高校会计核算过程中是否存在失误、漏洞或违规行为,评估财务报告的真实性和可靠性,为高校决策者提供准确的财务信息。

高校财务管理审计关注的第四个方面要评估高校财务规章制度和内部控制制度是否健全、有效。这要求审计人员深入了解高校财务管理的各项规定、流程和控制措施,以评估其合理性、充分性和执行情况。财务规章制度是确保高校财务管理合法性、合规性和有效性的关键,审计人员需要关注高校是否制定了完善的财务管理制度,以及这些制度在实际运作中是否得到了严格执行。除此之外,内部控制制度也是高校财务管理中防范财务风险和确保资金安全的重要手段。审计人员需要关注高校在资金使用、收支管理、资产保管等方面是否建立了健全的内部控制制度,并评估这些制度在实际运作中的有效性。

二、预算管理审计的主要内容

高校预算管理审计的主要内容包括预算编制原则、方法及程序、预算执行情况、预算调整、保证预算完成所采取的措施和收支预算的最终实际执行结果等方面。

高校预算管理审计的第一个方面是关注预算编制的原则、方法及编制和审批的程序是否符合国家、上级主管部门和高校的规定。这意味着审计工作需要评估高校在制定预算时是否遵循了合理性、准确性、透明性和可持续性等原则。同时，审计人员需要关注高校在预算编制过程中是否采用了合适的方法和技术，以判断预算数据是否具有可靠性和科学性，还有高校预算编制和审批的程序是否规范、合规，这包括评估高校在预算编制和审批过程中是否遵循了国家、上级主管部门和高校自身的相关规定，以及预算编制和审批过程中各相关部门的协作是否顺畅、高效。此外，审计需要检查高校各项收入和支出是否全部纳入预算管理，以评估预算的完整性。在这个过程中，高校是否出现赤字预算也是一个重点内容，用以评估高校财务状况的健康程度。

高校预算管理审计的第二个方面是评估高校各项收入和支出是否按预算执行，以及是否真实、合法。这要求审计人员对高校预算执行情况进行详细审查，评估预算中的各项收入和支出是否均按照预定的计划和要求进行。同时，审计还需关注高校预算执行过程中的会计核算是否合规。另外，高校预算管理审计要检查预算执行过程中的内部控制制度是否健全、有效。为此，审计人员需要关注高校在预算执行过程中是否建立了完善的内部控制制度，评估这些内部控制制度在实际运作中的有效性，以及高校对内部控制制度执行情况的监督和问责机制是否健全。

高校预算管理审计的第三个方面是预算调整，审计需要关注高校预算调整的原因、项目、数额和说明是否明确，以评估预算调整的合理性和必要性。审计人员需深入了解调整背后的原因，如政策变动、资金需求变化、项目进展等，判断预算调整是否符合实际情况。同时，审计需要评估调整过程是否遵循了相关法规和程序，是否在经过批准后实施。审计还需关注高校在预算调整过程中是否充分沟通协调，包括评估高校各部门之间的合作程度，以及预算调整信息的透明度和传递效率。

高校预算管理审计的第四个方面是评估高校为保证预算的完成所采取的措施。审计人员需要了解高校在预算执行过程中所采取的各种措施，如严格控制支出、提高收入、优化资金使用等，并评估这些措施的合法性和有效性。在此过程中，审计人员需关注高校预算措施的实施是否符合国家法律法规和高校规定，以免产生潜在的法律风险，以及这些措施是否具有实际效果，能否确保预算目标的实现。

高校预算管理审计的第五个方面是审计收入预算和支出预算的最终实际执行结果。审计人员需要对比预算计划与实际执行结果，了解预算执行情况是否符合预期。如果发现预算执行结果与计划存在较大差异，审计需要深入分析差异的原因，如经济环境变化、政策调整、项目进展等，并评估这些原因的合理性。审计工作需关注高校在应对预算差异时所采取的措施，评估这些措施的合理性和有效性。

三、财务收入审计的主要内容

高校财务收入审计的主要内容包括对各项收入的管理与核算、收费项目、标准和范围的合法性与合规性，以及事业收入中的资金上缴情况。

高校财务收入审计的第一个重点内容是关注各项收入，包括财政补助收入、上级补助收入、事业收入、经营收入、附属单位上缴收入和其他收入。审计人员需核实这些收入是否得到统一管理和统一核算，有无财务数据的混乱和失真。此外，审计应关注各项收入是否及时足额到位，调查资金的使用情况，警惕隐瞒、截留、挪用、拖欠或设置账外账、"小金库"等问题。这些问题可能导致资金的滥用和浪费，影响高校的财务稳定和可持续发展。审计人员应采取严格的审查措施，揭示潜在的财务问题，促使高校改进财务管理。

高校财务收入审计的第二个重点内容是关注收费项目、标准和范围的合法性和合规性。审计人员需要检查收费项目是否经过有关部门的批准，收费标准和范围是否合法并符合规定。同时，审计应关注会计处理过程中是否合法、合规，警惕是否存在擅自增加收费项目、扩大收费范围、提高收费标准等影响高校声誉和社会责任的问题。审计人员应积极发现并纠正这些问题，推动高校合理合法地开展收费活动。

对于事业收入，审计的重点是关注高校是否按照国家规定将应当上缴的资金及时足额上缴。这一方面体现了高校履行社会责任和遵守国家法规的能力，另一方面也关系到国家财政和经济的稳定发展。审计人员需要详细了解高校的事业收入结构，了解各项资金上缴的具体情况，并与相关法规和政策进行对照，评估高校在事业收入方面的合规性。如发现问题，审计人员应及时查清原因并分清责任。

四、财务支出审计的主要内容

高校财务支出审计涵盖了各项支出的真实性、计划执行情况、合规性、规范性以及支出效益等方面。

（1）高校财务支出审计需要关注各项支出，包括事业支出、经营支出、自筹基本建设支出和对附属单位补助支出的真实性和按计划执行情况。同时，审计人员应关注支出计划的执行情况，判断高校是否在规定的时间内完成支出任务，避免超计划的支出行为。为了评估支出计划是否顺利实施，审计人员需要了解高校财务管理的具体流程和方法，分析可能出现的问题和风险。

（2）审计工作需要关注各项支出是否严格执行国家和上级主管部门有关财务规章制度规定的开支范围和开支标准。审计人员应深入了解相关法规和政策，对照高校的财务支出情况，评估合规性和规范性，还需警惕虚列虚报、违反规定发放钱物和其他违纪违规问题。这些问题可能导致资金的滥用和浪费，影响高校的财务稳定和可持续发展。为此，审计人员应采取严格的审查措施，揭示潜在的财务问题，促使高校改进财务管理。

（3）专项资金的专款专用和核算合规性是高校财务支出审计关注的重要内容。审计人员需要了解高校专项资金的具体用途和管理方式，追踪专项资金的核算过程，了解其合规性和准确性。为了促进专项资金的合理使用，审计人员可提出改进意见和建议，推动高校优化资金管理。另外，审计还需关注高校在专项资金使用过程中的创新和优化措施，评估这些措施的实际效果，为高校财务管理的持续改进提供参考和建议。

（4）审计工作需要关注各项支出所取得的效益，对高校各项支出的具体项目进行详细分析，评估其实际效益。在评估过程中，审计人员可以采用成本效益分析、投资回报率等方法，以量化的指标来衡量支出效益。同时，审计工作还需要关注潜在的浪费和损失。这可能包括项目执行过程中的成本超支、资源浪费、效率低下等问题。审计人员应深入分析这些问题的原因，帮助高校优化资源配置和提高资金使用效率。

五、结余及分配审计的主要内容

高校结余及分配审计主要关注经营收支结余的单独反映与会计处理合规性，以及结余分配的合规性与问题分析。

在高校结余及分配审计中，审计人员需关注经营收支结余是否单独反映，以及会计处理是否合规。这意味着会计人员应确保高校将经营收支结余与其他财务科目分开记录，以便更好地分析和管理各项收入和支出。同时，高校需要按照国家和行业的会计准则及相关规定,对经营收支结余进行合规的会计处理,确保财务报表的真实性、完整性和准确性。为此,审计人员需要深入了解高校的财务管理流程和会计核算体系,评估经营收支结余的会计处理是否合规。

审计工作还需关注高校结余分配是否符合国家的有关规定。这意味着,高校在分配结余时,应遵循国家和上级主管部门的政策要求,确保结余分配的合理性和公平性。同时,审计人员需要关注高校在结余分配过程中是否存在多提或少提职工福利基金等问题,以避免资金的滥用和浪费。为了评估结余分配的合规性,审计人员需深入了解高校结余分配的具体政策和程序,对照国家和行业的相关规定,评估高校结余分配的实际情况,还需对高校在结余分配过程中可能出现的问题进行详细分析。

此外,高校结余及分配审计还包括高校的财务预测和计划方面,评估其实际执行情况与预期目标之间的差距。这有助于审计人员了解高校在结余分配过程中的风险因素,为高校提供更为全面和深入的审计意见。

六、专用基金审计的主要内容

在高校专用基金审计过程中,审计人员需要关注专用基金的提取及足额到位情况、管理合规性与使用效益及核算合规性。

(1)高校专用基金审计需要关注修购基金、职工福利基金、学生奖贷基金和勤工助学基金等专用基金的提取情况,以及高校提取或设置的其他基金是否符合国家的有关规定。审计人员需要核查这些基金的提取是否及时足额到位,以衡量高校能否按照预期目标执行相关工作。

(2)在审计高校专用基金时,审计人员需关注各项专用基金的管理是否合规。这包括评估专用基金是否按照国家规定或捐赠人、捐赠单位限定的用途使用,以及使用效益如何。在这一方面,审计人员需要关注高校在使用专用基金过程中是否存在违规行为,如挪用、私分等问题。为了对专用基金的使用效益进行评估,审计人员需要分析高校专用基金支出的具体项目和使用情况,了解其在实际操作中的效果。审计人员可以通过与高校相关部门沟通,了解专用基金使用的具体情况,并与国家和行业的相关规定进行对比。

(3)审计高校专用基金的一个重要内容是关注各项专用基金是否设置专门

的账户进行核算，以及核算是否合规。高校在对专用基金进行会计核算时，需要单独设置专用账户，确保专用基金的收支情况能够清晰、准确地反映在财务报表中。为了评估高校专用基金核算的合规性，审计人员需要了解高校的会计核算体系和流程，评估其在专用基金核算过程中是否遵循国家和行业的会计准则及相关规定。

七、资产审计的主要内容

高校资产审计需要全面关注现金及存款管理、应收暂付款项处理、存货管理、设备及固定资产管理、无形资产管理和对外投资等多个方面。

在现金及存款管理方面，高校资产审计需要详细了解高校现金和各种存款的管理制度，验证其是否符合国家和上级主管部门的相关规定。同时，审计人员还需关注内部管理制度的完善程度，如是否具备健全的现金及存款管理流程，有无出现现金和存款的滥用、挪用或其他违规行为。在银行开户方面，审计人员需要核实高校银行开户是否合法、合规，排查有无出租、出借或转让等问题。此外，审计人员还需关注银行账户核算情况，有价证券的购买及其资金来源是否合法，保管、转让和账务处理是否合法、合规，有无违纪违规和不安全等问题，检查公款和事业资金是否分别在规定的账户内进行核算，有无出现公款私存或将事业资金在其他账户核算的情况。

在应收及暂付款项处理方面，高校资产审计需要关注应收及暂付款项的管理情况，检查高校是否对这些款项进行及时清理结算，有无长期挂账影响财务健康的情况。对于确实无法收回的应收及暂付款项，审计人员需要查明原因，分清责任，并核实高校是否按照规定程序批准后进行核销。

在存货管理方面，高校资产审计要核实高校是否对存货进行定期或不定期的清查盘点，以检查存货账目与实际情况是否相符。同时，审计人员还需关注高校是否及时调整盘盈、盘亏情况，以评估存货数据的准确性。

在设备及固定资产管理方面，审计人员需要关注高校设备、材料、低值易耗品及固定资产的购置是否有计划和审批手续，以核实采购是否符合国家和上级主管部门的规定。在验收、领用、保管、报废、调出、变卖等环节，审计人员须核实高校是否按照规定的程序办理并报有关部门审批、备案，有无资产被无偿占用和流失等问题。在会计核算方面，审计人员需要关注是否符合国家和上级主管部门的相关规定。同时，审计人员还需核实高校有无定期或不定期地对设备、材料、低值易耗品及固定资产进行清查盘点，核实账目、账卡、账物是否相符。

在无形资产管理方面，无形资产包括专利、商标、著作权等，审计人员需关注高校对这些资产的管理是否符合国家和上级主管部门的相关规定。在无形资产的转让过程中，审计人员需要核实高校是否按照规定进行资产评估，以评估交易的公允性。此外，审计人员还需关注无形资产收入的处理是否合法、合规，有无出现违规使用或侵犯他人权益的情况。

在对外投资方面，高校资产审计关注高校对外投资的合规性：①审计人员需要核实高校对外投资是否按照国家和上级主管部门的相关规定报批或备案；②对于以实物或无形资产对外投资的情况，审计人员需核实高校是否按照规定进行资产评估，以评估投资的公允性；③审计人员还需关注投资收益的处理是否合法、合规，确保高校对外投资的风险可控。

八、负债审计的主要内容

负债审计的主要内容包括对各项负债的管理和清理结算情况两个方面。

（1）负债审计中，审计人员需重点关注高校负债的管理是否符合国家和上级主管部门的相关规定。对于借入款、应付及暂存款、应缴款项、代管款项等各项负债，审计人员需要核实高校是否按照不同性质进行分别管理。在负债管理方面，审计人员需要对负债的审批、核算、支付和监控等方面的规定，关注高校是否按照规定报批和备案相关负债事项，评估负债管理的合规性。

（2）在负债审计过程中，审计人员需要关注高校负债的清理和结算情况。对于各项负债，审计人员需核实高校是否按照国家和上级主管部门的相关规定及时进行清理，办理结算手续，检查高校有无逾期支付及产生滞纳金等不必要的损失。

九、财务决算审计的主要内容

审计高校财务决算的主要内容包括对年度决算和财务报告的各个方面进行详细审查。

（1）审计高校财务决算需要关注财务报告编制的各个方面。具体包括：

①核查财务报告的编制是否遵循了财务制度的原则和方法，如会计准则、会计政策等；②关注财务报告的编制程序是否符合相关规定，如内部审批流程、报告合并等；③核实财务报告的编制和提交是否在规定的时限内完成，以确保财务报告的时效性。

（2）审计高校财务决算需对财务报告的完整性和真实性进行详细检查。这包括对资产负债表、收入支出表、专用基金变动情况表等报表的各项数据进行核实，以确保数据的真实性。此外，审计人员还需注意是否存在隐瞒、遗漏或弄虚作假等情况，以评估财务报告的准确性。

（3）审计高校财务决算需要对财务报告中所列各项收入和支出的合法性和合规性进行审查。这包括检查收入和支出的来源、用途、会计处理等是否符合相关法律法规和财务制度的要求。此外，审计人员还需关注是否存在违纪违规等问题，如擅自增加收支项目、调整会计科目等。

（4）审计高校财务决算需要对财务情况说明书进行仔细审查，以评估其是否真实准确地反映了高校年度财务状况。这包括对财务情况说明书中提及的本期或下期财务状况发生重大影响的事项进行核实，以确保这些事项具有真实的依据。审计人员需要对财务情况说明书中的数据、分析和结论进行综合评估，判断其是否客观、公正地反映了高校的财务状况。此外，审计人员还需要关注财务情况说明书中对未来财务发展的预测和计划，以评估其合理性和可行性。

（5）审计高校财务决算时需要对财务分析的各项指标进行核实。这包括对经费自给率、预算收支完成率、人员支出与公用支出分别占事业支出的比率、资产负债率、生均支出增减率等指标进行计算和分析，以判断其真实性和准确性。审计人员还需关注各项指标的变动情况，分析其背后的原因，以评估高校财务状况的变化趋势。其中，对于人员支出与公用支出分别占事业支出的比率，审计人员需要核查高校在人员支出和公用支出方面的投入是否合理。资产负债率的审计需要关注高校的资产和负债状况，评估其财务风险。生均支出增减率则可以反映高校在教育投入方面的情况，审计人员需要关注该指标的变化趋势，以评估高校在教育质量和学生福利方面的投入是否得当。

第三节　高校审计的职能定位

一、高校审计的一般职能

根据《教育系统内部审计工作规定》的指导，高等教育机构的审计部门负责对本校及其附属单位进行审计。在这个过程中，高校审计主要指由高校内部设立的独立审计机构和专职审计人员执行的一项任务，根据国家法律、教育行政部门、审计管理部门以及高校制定的法规、政策和制度等标准，采用专门的审计程序和方法，对高校的财务状况和经济活动进行详细审查，目的是确认其真实性、合规性以及效益性。在此基础上，高校审计还会提出各种建议和意见，以此推动管理的优化和效益的提升，这是一种重要的经济监督行为。因此，高校审计被视为审计领域的一个重要子类，其职能通常被认为是监督、服务和评价，如图 2-5 所示。

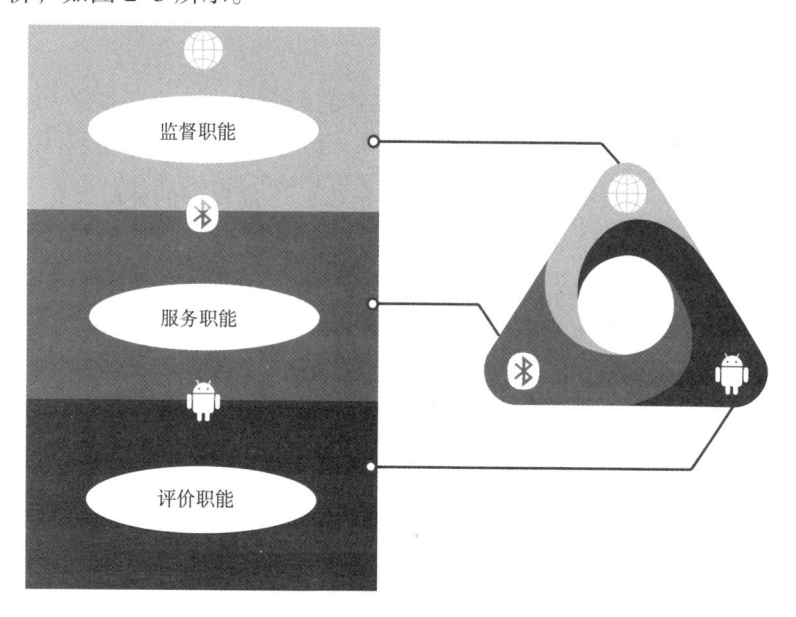

图 2-5　高校审计的一般职能

（一）监督职能

审计在高校运行中发挥着重要的作用。审计部门要全面了解和把握高校的经济活动和财务状况，包括高校的收入和支出，资金的来源和用途，以及高校的财务管理等各个方面。通过对这些信息的深入理解和全面分析，审计部门可以对高校的经济活动和财务状况进行有效地监督和控制，因此，监督是高校审计的第一个职能。

《教育系统内部审计工作规定》规定，教育系统按照依法治教、从严管理的原则，应建立审计制度，促进教育行政部门和单位遵守国家财经法规，规范内部管理，加强廉政建设，维护自身合法权益，防范风险，提高教育资金使用效益。这就是高校审计监督职能所在。

（1）审计的主要职责之一就是保证高校的各项行为符合国家财经法规。高校涉及的经济活动繁多且复杂，而法规的遵守对于高校的长期发展来说是至关重要的。因此，审计的监督职能在这里的体现就是检查和确认高校的经济活动是否合规，是否符合国家和地方的法律法规，以及行业规范。

（2）高校审计监督高校的财务管理活动，包括但不限于资金的获取、分配和使用，确保高校的财务活动透明，符合规定，且有效地服务于高校的教育目标。这种监督不仅可以帮助高校有效地管理和使用资金，也能够防止和发现可能出现的财务问题，如挪用、浪费等。

（3）审计监督职能也在于推动高校内部的廉政建设，避免腐败和不正当行为。包括确保公款的合理使用，严禁公款私用，避免权力寻租等行为。通过不断的审计和监督，可以提高高校内部的廉洁度，形成良好的廉政文化。

（4）审计通过对高校的财务管理和经济活动进行全面、深入地审查和分析，可以找出存在的问题和不足，提出改进建议，从而提高高校的资源使用效率和效益。在这个过程中，审计监督职能的体现就是促使高校更有效地使用教育资源，更好地完成教育任务。

（二）服务职能

高校审计的服务职能是其主要职能之一，体现了审计在教育管理中的重要作用，也标志着审计定位的转型。对于促进高校管理工作的完善，提高高校的管理水平，具有重要的作用。这种职能的发挥，需要审计机构不断提高自身的专业素质，提高审计的专业性，确保审计工作的客观性和公正性，也需要高校管理层的充分理解和支持。

服务职能表现在对高校内部控制制度的审计工作中。内部控制制度是高校有效管理经济活动的关键，涉及高校的各个层面，包括财务管理，人力资源管理，资产管理等。审计机构通过对内部控制制度的审计，可以发现制度的不足，提出改进建议，从而服务于高校管理。

服务职能也表现在对高校领导人员任期经济责任的审计工作中。高校领导人员在任期内的经济责任，直接关系到高校的经济安全和稳定。审计机构通过对领导人员任期经济责任的审计，可以及时发现和纠正领导人员在经济管理中存在的决策偏移，防止财务风险的发生，服务于高校的经济安全保障。

（三）评价职能

高校审计部门的职责不仅在于监督与服务，还在于公正地评价高校的业绩和效益，为校方领导和相关决策者提供详尽准确的信息，以便他们能做出明智的决策。

评价职能在高校审计中的主要表现形式为经济评价和经济鉴证。经济评价指的是审计部门对高校各项经济活动的效益和结果进行客观、公正的评价，包括但不仅限于财务状况、经济效益、资源使用效率等。这种评价能够帮助高校了解自身的经济运行状况，找出存在的问题，及时调整经营策略，提高经济效益。经济鉴证则是审计部门对高校的某项具体经济行为或经济事项进行深入的调查和验证，确保其合法性、合规性、真实性，从而保护高校的经济利益和声誉。

在当前信息化、透明化的环境下，审计部门的评价结果可能会以各种方式向外得到传播，产生广泛的影响。审计评价的公正性和权威性使它具有很强的说服力和影响力，能够引导全校教职工形成公正、公平的价值观，也能使高校负责人产生一定的压力，促使其更加注重合规运营，提高管理效率。

评价职能的实施，无疑为高校审计工作增加了更为复杂的任务，这就需要审计部门具备更高的专业素养和审计技能，更加严谨的审计态度，以及更加公正、公开的审计原则。只有这样，审计部门才能真正发挥出其评价职能，对高校的经济活动进行全面、深入的审查和评估，为高校的健康发展提供有力的支持。

二、高校审计的扩展职能

在当今社会，高等高校作为教育的重要部分，其发展和健康运行对整个社会具有深远的影响。因此，对于高校的审计工作来说，其职能定位也呈现出更为宽广和深入的特点。除了基本的监督、服务和评价职能外，高校审计还需要承担咨询、预警、改进等多元化的职能，如图2-6所示，以全面支持高校的健康发展。在这个过程中，高校审计不再是单纯的外部监督，而是成为高校内部管理的重要组成部分。

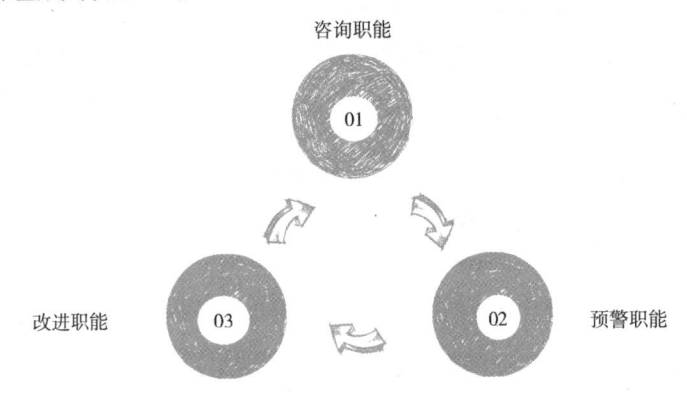

图2-6 高校审计的扩展职能

（一）咨询职能

作为一个内部机构，高校审计部门对高校的财务状况、经济活动和管理体系有着深入的理解和全面的把握，清楚地了解高校的运作流程、内部控制体系以及可能存在的风险。审计人员的专业知识、对高校的深入了解，以及对审计标准的理解，使高校审计机构能够为高校提供独特且有价值的咨询服务。

这种咨询职能主要通过两个方面体现。

（1）审计部门可以通过对高校的财务报表、经济活动和内部控制体系的审查，为高校领导层提供对当前经营状况的准确理解。他们可以识别出可能存在的问题和风险，以及可能影响高校经济效益和声誉的因素。这些信息为高校领导层提供了重要的决策依据，使他们能够及时调整策略，优化资源配置，提高经济效益。

（2）审计部门还可以为高校提供关于如何改进和优化管理体系的专业建议。他们可以根据对高校经济活动的审查，以及对行业最佳实践的了解，提出实质性的改进建议。这些建议可能涉及财务管理、内部控制、风险管理等多个方面，旨在帮助高校构建更高效、更稳健的管理体系，进一步提高高校的经济效益。

咨询职能的扩展使审计部门从传统的监督角色转变为高校发展的积极参与者，对于推动高校的持续发展具有重要的作用。在未来的发展中，高校审计的咨询职能将进一步得到强化，以适应高校日益复杂和多元化的管理环境。

（二）预警职能

高校审计的预警职能是审计部门在日常工作中的一项重要任务。通过对财务报告、经济活动和内部控制系统的深入审查，审计部门可以为高校及时发现并识别可能的风险和问题。这种预警职能旨在帮助高校在问题变得严重之前采取有效的措施进行干预，从而避免重大损失和风险的发生，保护高校的经济利益和社会声誉。

在财务风险预警方面，审计部门通过对高校的财务报告和会计核算过程的审查，发现财务数据异常、会计处理不当等问题，及时向高校领导层发出预警。这有助于防范财务造假、内部挪用等行为，确保财务数据的真实性和完整性，为高校的决策提供准确的财务信息。

在运营风险预警方面，审计部门通过对高校的经济活动和管理体系的审查，发现运营中可能存在的问题和风险，如项目管理不善、资源浪费、效益不佳等。这有助于高校领导层及时了解运营状况，调整策略，优化资源配置，提高运营效益。

在合规风险预警方面，审计部门通过对高校的内部控制系统和合规体系的审查，发现可能存在的法规遵从性和政策执行问题。这有助于防范高校违法违规行为，维护高校的合法权益和社会声誉。

在信息安全预警方面，审计部门通过对高校的信息系统和数据安全的审查，发现潜在的安全风险，如系统漏洞、数据泄露等。这有助于提高高校的信息安全防护能力，保障教学科研等重要业务的顺利进行。

在内部控制预警方面，审计部门通过对高校的内部控制体系的审查，发现可能存在的控制缺陷和漏洞，为高校优化和完善内部控制体系提供参考。这有助于提高高校的管理水平，降低操纵和舞弊的风险。

高校审计的预警职能对于保障高校的长期稳定发展具有重要价值，在许多情况下都能够帮助高校避免重大的损失和风险，保护高校的经济利益和社会声誉。

（三）改进职能

高校审计的改进职能是对学校各项活动进行全面审查的过程中，发现存在的问题和不足并提出针对性的改进建议，从而优化和完善学校的管理体系，提高学校的运营效益和经济效益。

通过实施改进职能，审计部门可以积极参与学校的管理活动，促进学校的持续改进和发展。

例如，在财务管理方面，审计部门通过对学校的财务报告和会计核算过程的审查，发现财务管理中存在的问题，如预算执行不严格、成本控制不力等。审计部门可以针对这些问题提出改进建议，帮助学校优化财务管理流程，提高资金使用率。

在经济活动方面，审计部门通过对学校的经济活动进行审查，发现资源浪费、效益不佳等问题。审计部门可以为学校提供改进意见，优化资源配置，提高经济效益。

在组织结构方面，审计部门通过对学校的组织结构和管理流程进行审查，发现组织架构不合理、管理流程冗余等问题。审计部门可以为学校提供组织结构优化建议，提高管理效率。

在信息技术方面，审计部门通过对学校的信息系统和数据安全的审查，发现潜在的技术问题和安全风险。审计部门可以为学校提供改进建议，提高信息系统的稳定性和安全性。

高校审计的改进职能不仅关注学校当前的问题和不足，还关注学校未来的发展和改进。通过不断地发现问题、提出建议和推动改进，审计部门可以为高校的持续发展和优化管理体系提供有力支持。在这个过程中，审计部门与学校领导层及其他职能部门紧密合作，共同推动学校的健康、可持续发展。

三、高校审计职能的精准定位

（一）高校审计成为内部管理参与者

当前，高校审计的角色和职能发展已经超越了其传统的监督、服务、评价的三大核心职能，逐渐扩展到更多元化的方向，包括咨询、预警、改进等。这种职能的扩展和转型使审计部门从传统的监督者角色转变为高校内部管理的重要组成部分，为高校的健康、稳定和持续的发展提供全方位的支持。

在此情况下，高校审计的职能定位已经发生了深刻的变化，从单纯的监督者转变为高校内部管理的重要参与者。

这种转变的过程体现在审计部门的监督职能已经从单一的财务审计拓宽到管理审计和效益审计。这意味着审计部门不仅关注高校的财务状况，还关注高校的管理效率和效益。

通过对高校各项活动的全面审查，审计部门可以发现存在的问题和不足，提出改进建议，从而推动高校的改革和发展。

作为高校内部管理的参与者，审计部门的作用十分突出。

（1）可以帮助高校领导层更好地理解和管理风险。通过对高校的财务状况、经济活动和内部控制系统的深入审查，审计部门可以及时发现并识别可能的风险，为高校领导层提供及时的风险预警。

（2）通过对高校各项活动的全面审查，审计部门可以发现存在的问题和不足，提出改进建议，从而推动高校的改革和发展。

（3）审计部门通过对高校的管理体系进行专业的咨询和评价，审计部门可以帮助高校优化管理体系，提高管理效率和效益。

在未来的发展中，高校审计的职能将更加多元化，以适应高校日益复杂和变化的管理环境。

（二）平衡监督职能与服务职能

在高校的审计工作中，服务职能与监督职能相辅相成，互为补充，都是审计部门为了实现高校的发展目标而必须承担的职责。高校审计部门在实际工作中应当找准定位，根据高校的具体情况和需求，恰当地平衡监督职能和服务职能，既要做好监督，防止违规行为，又要提供有效的服务，帮助高校提高管理效率和经济效益。

只有这样，审计工作才能真正发挥其应有的作用，为高校的健康发展提供有力的支持。如果出现过分强调其中一项职能，而忽视了另一项职能的现象，则会导致审计工作的偏离和失衡，如图2-7所示。

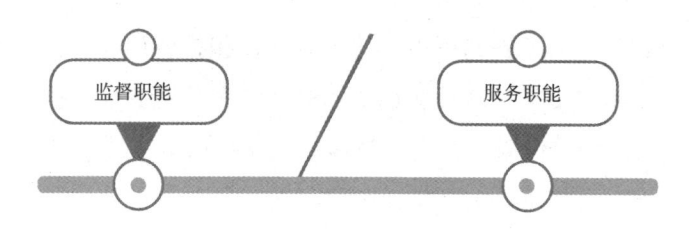

图 2-7　高校审计要平衡监督职能与服务职能

（1）如果高校过度强调审计的监督职能，而忽视了服务职能，就会把审计的工作目标放在财务查错防弊，处理经济案件，检查高校的经济活动是否合规方面。这种观念会使审计部门的工作范围过于狭窄，无法满足高校日益复杂的管理需求。实际上，高校审计不仅是监督，更是服务。审计部门应当将工作重心转移到管理审计、效益审计上来，多考虑如何为单位增效，如何为领导决策提供服务，实现监督与服务并重。

（2）如果高校过度强调审计的服务职能，而淡化了监督职能，可能导致审计人员陷入事务性的工作中，失去审计的独立性和公正性，从而影响审计部门的权威。因此，审计部门在强化服务职能的同时，也不能忽视其核心的监督职能。

（三）高度保持审计独立性

在高校环境中，审计的角色和职能正在不断发展和深化，而在这个过程中，审计的独立性成了一个重要的议题。只有确保审计的独立性，审计部门才能更好地发挥其监督、服务、评价、咨询、预警、改进等多元化职能，为高校的健康、稳定和持续的发展提供全方位的支持。

为了确保审计的独立性，各高校必须设置独立于其他职能部门之外的专门审计机构。这种独立性不仅体现在组织结构上，也体现在审计工作的实施过程中。独立的审计机构能够保证审计工作不受高校其他部门的干扰，从而确保审计的公正性和公平性。

同时，审计的独立性也体现在审计报告的公开上。通过公开审计报告，可以增加审计工作的透明度，自觉接受广大师生的监督，加大审监督的权威性和震慑力。公开的审计报告不仅可以提高审计工作的公信力，也可以提高高校领导层和全体师生对审计工作的认识和理解，从而增强他们对审计工作的支持和配合。

此外，审计的独立性还体现在审计意见的落实上。审计部门在发现问题的同时，还要抓好解决问题。通过校领导的大力支持和相关部门的积极配合，审计部门可以着力落实审计意见，并对审计意见执行情况进行专项调查，做好后续审计工作。这种对审计意见的跟进和落实，不仅可以增强审计的实效性，也可以提高审计的权威性。

高校审计的独立性是其发挥职能的基础。只有找准定位，保持高度的独立性，审计部门才能更好地发挥职能，为高校的健康、稳定和持续的发展提供全方位的支持。在未来的发展中，高校审计的独立性将更加重要，因为只有独立的审计部门才能在日益复杂和多元化的高校环境中，发挥出应有的作用。

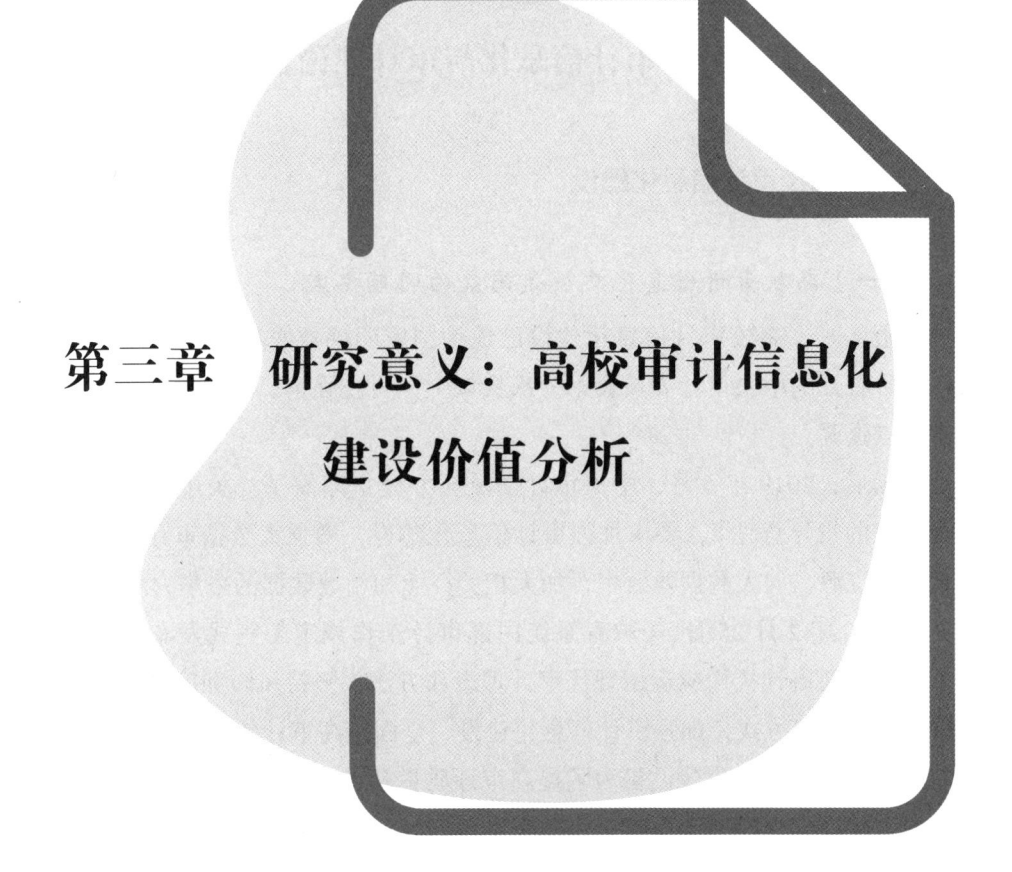

第三章　研究意义：高校审计信息化建设价值分析

随着数字技术的日益发展和普及，审计信息化已经成为审计工作的重要趋势。对于高校审计而言，审计信息化不仅提供了新的工具和手段，也带来了新的挑战和机遇。本章将深入探讨审计信息化对高校审计的影响和价值，从审计理论体系创新、数字技术发展提升审计质效，以及审计思维转变完善高校治理与发展这三个方面进行全面的分析。

第一节　审计信息化与审计理论体系创新

一、高校审计信息化建设

（一）高校审计信息化建设是国家的明确要求

近年来，高校审计信息化建设已成为国家明确要求的重要任务。在2018年5月召开的中央审计委员会第一次会议上，科技强审、加强审计信息化建设被重点强调。

随后，2019年6月，中央审计委员会办公室印发了《关于深入推进审计全覆盖的指导意见》，要求加强审计信息化建设，增强大数据审计能力，向信息化要资源，向大数据要效率，加大相关行业和领域数据的采集力度。

2020年2月25日，《教育系统内部审计工作规定》正式发布，第二十八条要求内部审计机构应运用现代审计理念和方法，坚持风险和问题导向，优化审计业务组织方式，加强审计信息化建设，全面提高审计效率。

高校审计信息化建设是为了提高审计质量和效率，实现内部审计队伍信息化能力建设，以提升运用信息化技术发现问题、评价判断、宏观分析、支撑决策的能力。其中，健全内部审计数据采集机制，推进数字化审计方式，完善内部审计管理系统，逐步开展高校信息系统审计，创新审计业务组织模式等方面都是高校审计信息化建设的重要内容。

高校审计信息化建设是国家明确要求，旨在全面提高审计工作的质量和效率。现代审计理念和方法的运用有助于发现问题，评价判断，宏观分析和支撑决策，同时可以优化审计业务组织方式。通过加强审计信息化建设，实现审计全覆盖，提高审计效率和质量，有助于推动高校内部管理水平的提高，促进高校事业发展。

（二）高校审计信息化建设的内涵

高校审计信息化是指将信息技术应用于高校审计工作中，以提高审计效率和质量，降低成本，实现数字化审计。具体来说，高校审计信息化包括利用计算机技术和信息系统建立高校财务会计信息的采集、存储、处理、传输和分析，以及应用数据挖掘、人工智能等技术进行风险评估、内部控制评价、绩效评估等工作，提高审计工作的科学性和准确性。此外，高校审计信息化还包括建立电子审计档案、开发审计管理软件、实现远程审计等方面。

高校审计信息化建设是一个综合、动态的概念，涉及高校审计信息获取、处理、传递、存储、利用的能力和水平。审计信息化建设不仅仅是将计算机技术应用于审计工作，更是要深刻改变审计人员的思维方式，让他们充分认识到信息化对提高审计工作效率和质量的重要性。信息化建设的核心在于通过技术手段和制度创新，实现审计业务的自动化、智能化，从而提高审计质量和效率。

（三）高校审计信息化建设的主要任务

2017年12月，中华人民共和国教育部发布《教育部关于推进直属高等学校内部审计信息化建设的意见》，将高校审计信息化建设的主要任务分为五部分：①健全内部审计数据采集机制；②推进数字化审计方式；③完善内部审计管理系统；④逐步开展高校信息系统审计；⑤创新审计业务组织模式，如图3-1所示。

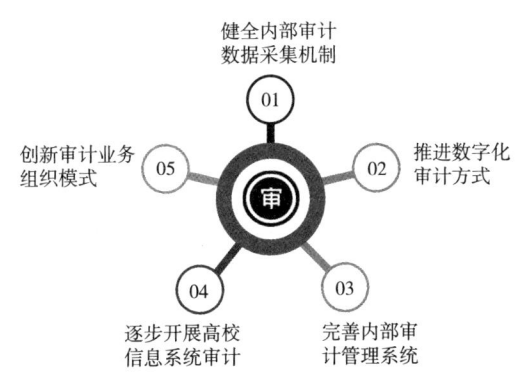

图3-1 高校审计信息化建设的主要任务

1.健全内部审计数据采集机制

根据审计署的通知要求,高校需要报送涵盖人、财、物各方面的数据,具体包括人员数据、财务数据、资产数据、科研数据以及非结构化数据。这些数据覆盖了高校各部门、各业务流程的信息,为审计工作提供了全面而详尽的数据支持。然而,现有的数据采集范围并不全面,如缺少招投标数据、合同数据等。因此,在健全内部审计数据采集机制的过程中,高校需要充分考虑各类相关数据的完整性,以便更好地支持审计工作的开展。

如此看来,审计署的要求既明确了高校审计业务的数据资源,也为实施大数据审计提供了基础,通过报送数据也倒逼高校完善自身的审计信息化建设。

为确保内部审计数据的真实性、完整性、准确性和及时性,高校应构建统一、规范的数据采集标准和流程。这包括建立一套完善的数据采集规范,明确各类数据的采集要求、采集方式以及采集周期;加强对各系统间数据采集的协同和整合,避免数据孤岛现象的出现;建立数据质量监控机制,对采集到的数据进行质量抽查和校验,确保数据的准确性和可靠性。

同时,随着各类信息系统的广泛应用,高校数据资源已经呈现出海量、分散、异构的特点。因此,在内部审计数据采集过程中,应尽可能实现数据的自动化、实时化采集。可以借助于数据集成工具、数据接口技术等手段,实现各类信息系统间数据的无缝对接和快速传输。采取严格的数据保密措施,防止数据泄露、篡改或丢失,确保数据安全。

此外,高校应成立专门的审计数据采集工作小组,负责协调各部门、各系统之间的沟通与合作,确保数据采集工作的顺利进行。还要建立健全内部审计数据采集的考核和激励机制,对数据采集工作进行有效监督,激发各部门、各系统之间的积极性和主动性。并且,高校还应定期组织培训和交流活动,提高各部门、各系统工作人员在数据采集方面的技能和素质,为审计工作提供强有力的人才支持。

值得注意的是,高校审计信息化建设应根据各自的实际情况进行调整和优化。不同高校在信息化建设的起点、发展水平及管理方式等方面存在差异,因此,在健全内部审计数据采集机制的过程中,应结合高校的实际情况,充分考虑各类信息系统的特点和需求,制定出切实可行的方案。

2.推进数字化审计方式

数字化审计是高校审计信息化建设的重要任务之一。在最初的阶段,许多高校在开展数据式审计时，一般将其范围限定在财务数据，在工具选择上也多以 Excel 表格分析为主，这是符合信息化最初阶段的做法。不过数字时代的来临使这些做法呈现出一定的局限性，限制了审计人员的思路和视野，在数据的关联分析、总体分析及疑点发现有些不适应高校的发展需求。因此，推进数字化审计必须解决这一难题，以更好地利用数据分析在审计中的优势。

（1）高校要明确审计的数据分析需求，与软件开发商深度合作探索，将审计人员的智慧融入审计软件中，充分利用审计软件中的数据分析功能以及有关的数据软件。只有明确了需求，才能找到最适合高校的工具。同时，高校应该尽可能地使用审计软件的数据分析功能，这可以大大提高高校的工作效率。

（2）审计人员需要转变思想，更新审计理念。在数字化审计的环境下，高校不能再像以前那样进行审计。高校需要更好地理解和应用数据，把握大数据的趋势，以便在审计中发现更多的问题和疑点。为此，审计人员需要熟练掌握和运用数据分析工具，包括 Excel、SQL Server、Python 等，以对复杂的审计数据进行深入分析。同时，审计人员还需要具备一定的编程能力，以便对审计数据进行定制化处理。通过提高审计人员的数据分析能力，可以使审计工作更加精准、有效，从而提高审计质量。与此同时，信息技术人员也需要加强自己的审计知识，做好应用计算机技术解决审计问题的连接点。只有审计人员和技术人员能够有效地合作，高校才能更好地进行数字化审计。

（3）高校要让采集的数据"活"起来、"动"起来，才能真正发挥数据的价值。数据不仅仅是数字，它可以告诉高校许多信息，可以指导高校进行更有效的审计。高校需要学会读懂数据，解析数据，这样高校才能充分利用数据，更好地为审计服务。采集的数据能够为审计提供丰富的信息资源，提供审计决策的依据，同时能为审计效率提供保障。如果高校只是简单地收集数据，而不去深入分析和理解，那么这些数据就只是一堆毫无生命的数字，无法为高校提供真正的价值。因此，高校需要将这些数据"活"起来，使其成为高校进行审计的有效工具。

3. 完善内部审计管理系统

管理系统是规范、优化内部审计管理水平的重要方式。这不仅涉及审前准备、审计计划、审计实施、审计结果、审计整改、后续跟踪、审计底稿及报告归档、法律法规等资料管理和调阅、数据分析、成果利用等全流程的信息化管理，更涉及如何将审计人员的智慧形成知识库，为决策提供支持。

高校要认识到审计管理系统的价值所在。一方面，审计管理系统可以帮助审计人员更好地把控审计作业过程，规范审计底稿管理，促进业务交流，从而提升审计工作的效率和质量。另一方面，审计管理系统可以将审计人员的智慧形成知识库，为决策提供支持，这对高校的长远发展具有重要意义。

高校在选择审计管理系统时，需要考虑到系统的经济性和可持续性。同时，也需要注意到，对于直接购买标准化服务的高校存在"水土不服"的现象，不能很好地满足高校审计业务的需求。这表明，审计管理系统需要根据高校的具体情况进行定制，以满足高校的个性化需求。

为此，高校需要从多个方面进行努力，寻找解决方案。

（1）高校需要充分利用现有的审计资源，包括审计人员、审计工具、审计数据等，以提升审计管理系统的效能。例如，高校可以通过培训和教育提升审计人员的专业素质和技能，使他们能够更好地使用审计管理系统；同时，高校可以通过数据分析，发现和解决审计过程中的问题，提升审计的效率和质量。

（2）高校需要与软件开发商深度合作，共同探索，将审计人员的智慧融入审计管理系统中，充分利用审计管理系统的数据分析功能以及有关的数据软件。在这一过程中，审计人员应积极参与，提供审计业务的实际需求和建议，使审计管理系统能更好地适应高校的审计业务。

（3）高校需要在审计管理系统的功能上进行进一步的完善。目前多数审计管理系统只实现了对业务的组织实施和过程把控，但在数据分析、知识库构建和决策支持上还有待提升。例如，高校可以引入更先进的数据分析工具和方法，以提升审计管理系统的数据分析能力；同时，高校可以通过构建知识库，将审计人员的经验和知识积累下来，提供给未来的审计工作使用；此外，高校也可以通过审计管理系统，为高校的决策提供数据支持，从而提升高校的决策效率和质量。

（4）高校需要注意审计管理系统的后期维护问题。一方面，高校需要定期对审计管理系统进行更新和优化，以适应审计业务的变化和发展。另一方面，高校需要建立完善的审计管理系统维护机制，及时解决系统使用中出现的问题，保证审计工作的正常进行。

4. 逐步开展高校信息系统审计

在数字化快速发展的今天，高校信息系统的复杂性和重要性日益增强，信息系统审计作为一个关键环节，对高校内部审计工作的成效有着直接影响。

逐步开展高校信息系统审计，对于推动高校审计信息化建设具有重要的战略意义。

2013年，中国内部审计协会发布《第2203号内审计具体准则——信息系统审计》，将信息系统审计定义为"内部审计机构和内部审计人员对组织的信息系统及其相关的信息技术内部控制和流程所进行的审查与评价活动"。

信息系统审计的核心在于通过审查和评估信息系统及其相关的信息技术内部控制和流程，来揭示信息系统中存在的风险和问题，从而达到优化管理、提升效率和确保安全的目标。

以南京大学为例，从2019年开始，南京大学采用了一种创新的"一审多项"模式来组织和实施信息系统审计。这种"一审多项"模式的核心思想是将信息系统审计并入领导干部的经济责任审计项目中，实现审计工作的整合和优化。

这样做有两个显著的优点：

（1）将信息系统审计与经济责任审计相结合，既能够充分发挥信息系统审计在揭示信息技术风险、提升信息管理效率等方面的作用，也能确保领导干部在经济责任审计过程中充分了解并关注信息系统的运行情况，从而提高经济责任审计的全面性和深度。

（2）充分利用了信息系统审计和经济责任审计在审计目标、审计内容和审计方法等方面的互补性，能够有效地避免审计资源的重复投入和审计工作的重复执行，提高审计效率。

在具体实施过程中，南京大学严格按照《第2203号内审计具体准则——信息系统审计》和《信息系统审计指南——计算机审计实务公告第34号》等相关规定，对系统的组织层面信息技术控制、信息技术一般性控制及业务流程层面的相关应用控制进行了详细审计。

在组织层面，南京大学审计了信息系统的管理架构、组织结构、人员配置、职责划分等方面，确保信息系统有健全的组织保障。

在信息技术控制层面，南京大学审计了信息系统的硬件设备、软件应用、网络设施、数据管理等方面，确保信息技术的安全、稳定、高效运行。

在业务流程层面，南京大学审计了信息系统支持的各项业务流程，检查了业务流程的合规性、效率性、安全性等，确保信息系统能够有效地支持高校的各项业务运行。

这种全面、深入、系统的审计方法，不仅揭示了南京大学信息系统存在的风险，也为信息系统的优化和提升提供了有力的支持，从而推动了南京大学的信息化建设和管理水平的提升。

这个例子直观显示了高校逐步开展信息系统审计的任务实施与推进，可以让人更好地理解高校信息化建设的这一任务。

5. 创新审计业务组织模式

在高校审计信息化建设过程中，创新审计业务组织模式也十分关键。根据调研数据，高校的审计人员数量都是有限的，如何在有限的人力资源条件下，实现审计业务的全面覆盖，深度挖掘，消除监督盲区，是高校审计部门面临的重大挑战。

在这个背景下，审计部门必须转变思路，通过创新审计业务组织模式，利用信息化技术提升审计工作的效率和效果。而这种创新主要可以从以下三个方面进行：

（1）利用大数据、云计算等新技术，实现审计业务的信息化管理。这种方式可以通过一次数据采集、清洗和处理，为多个审计项目服务。这就意味着，审计部门可以在一个平台上管理和分析各种数据，而不需要为每个审计项目单独收集和处理数据。这不仅可以提高数据处理的效率，还可以提高数据分析的准确性和深度。

（2）实施审计管理系统的建设，改变传统的审计作业模式。这种方式可以通过一次审计管理系统的建设，为审计部门提供一个集数据采集、处理、分析和报告于一体的"一站式"平台，从而提高审计工作的效率，保证审计结果的质量。

（3）通过审计成果的共享，形成历史经验和业务指导，为决策提供支持。这种方式可以通过审计成果在一定范围内的共享，形成审计部门的知识库，为未来的审计工作提供经验和指导，同时可以为高校的决策提供有力的支持。

总的来说，创新审计业务组织模式，利用信息化技术提升审计工作的效率和效果，是高校审计信息化建设的重要方向。只有这样，才能真正实现"应审尽审、凡审必严、严肃问责"的审计目标，真正发挥审计工作的"经济体检"作用。

二、高校审计信息化建设推进审计理论创新

在信息化的浪潮下，高校审计面临着独特的挑战和机遇。信息化不仅推动了审计技术的变革，也催生了审计理论的创新。高校审计信息化建设的实践，

以其复杂性和多元性，为审计理论的创新提供了丰富的素材和契机。

审计信息化建设的实践，推动了审计理论对于大数据、云计算等新技术的深入认识和研究。在信息化的环境下，审计对象、审计内容和审计方式都发生了深刻的变化。如何在大数据环境下进行有效的审计？如何利用云计算等新技术提高审计效率？如何构建审计信息化的理论框架和方法？这些都是高校审计信息化建设实践中涌现出来的重要理论问题。通过实践的深入研究和探索，审计理论在这些问题上取得了重要的进展。

审计信息化建设的实践，推动了审计理论对于审计对象和审计内容的重新认识。在信息化的环境下，审计的对象和内容不再局限于传统的财务数据和经济活动，而是延伸到数据质量、数据安全、数据利用等多个方面。这就需要审计理论对审计对象和审计内容进行重新定义和界定，对审计的目标和原则进行重新的思考。

审计信息化建设的实践，推动了审计理论对于审计方法和技术的创新。在信息化环境下，审计的方法和技术也发生了深刻的变化。如何利用数据挖掘、机器学习等新技术进行审计？如何构建和优化审计的信息化流程和模型？如何提高审计的信息化水平和质量？这些都是高校审计信息化建设实践中涌现出来的重要理论问题。通过实践的深入研究和探索，审计理论在这些问题上取得了重要的进展。

审计信息化建设的实践，推动了审计理论对于审计监督和审计问责的深入理解。在信息化环境下，审计的监督和问责方式也发生了深刻的变化。如何利用信息化技术进行有效的审计监督？如何通过信息化技术，实现审计问责的公开透明？如何利用信息化技术提升审计工作的公信力？这些都是高校审计信息化建设实践中必须面对并解答的问题。对此，审计理论开始从传统的监督问责模式转向了信息化监督问责模式，对审计工作的公开透明度和公信力的提升起到了积极的推动作用。

审计信息化建设的实践，还推动了审计理论对审计伦理和审计文化的重视。在信息化的环境下，审计人员不仅要具备专业的审计知识和技能，还要具备良好的信息道德素养，能够在处理敏感的数据信息时，既能保护被审计单位的合法权益，又能保障审计工作的公正公平。同时，审计文化也在信息化的推动下，开始向着开放、合作、创新的方向发展。这一切都为审计理论的研究提供了新的视角和思考方向。

总之，审计信息化建设的实践，不仅是对审计理论的实践检验，也是审计理论不断创新的源泉。在信息化浪潮下，高校审计必须以开放的心态，积极地学习和掌握新的理论和技术，以更好地应对信息化环境下的审计挑战。同时，审计理论也必须以实践为导向，不断地进行自我修正和更新，以便更好地指导和服务审计实践。

三、信息化理论与审计理论的融合

（一）信息化理论

信息化理论是一门研究信息技术如何高度应用，信息资源如何高度共享，以及如何充分发挥人的智能潜力和社会物质资源潜力，使个人行为、组织决策和社会运行趋于合理化的科学。这一理论源自 20 世纪 60 年代的日本，由学者梅棹忠夫首次提出，经过多年的发展和演变，已经成为指导现代社会信息化建设和发展的重要理论基础。

在信息化理论的框架下，信息化不仅仅是一种技术现象，更是一种社会经济现象。信息技术的高度应用和信息资源的高度共享，使社会的生产、生活和管理方式发生了深刻变化，这种变化无疑为社会的发展和进步提供了强大的动力。

信息化理论的核心内容是对信息化生产力的认识和理解，具体如图 3-2 所示。

01 信息化生产力是迄今人类最先进的生产力
02 信息网络体系是信息化生产力的物质基础
03 信息产业基础是信息化生产力的技术基础
04 社会运行环境是信息化生产力的社会基础
05 效用积累过程是信息化生产力的动态表现

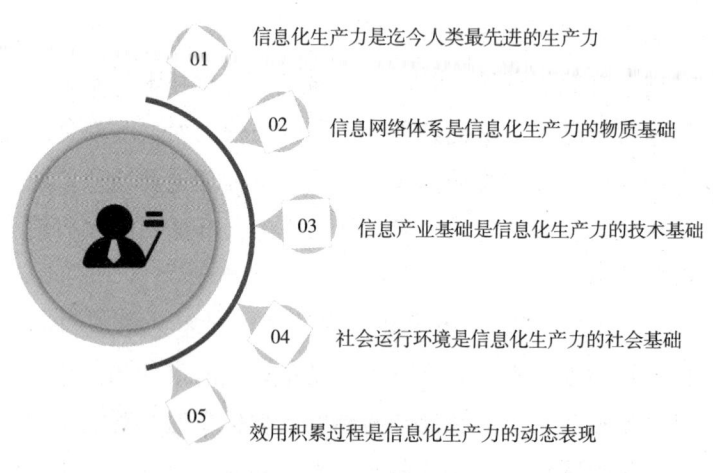

图 3-2 信息化理论的核心内容

信息化生产力是迄今人类最先进的生产力，包括信息网络体系、信息产业基础、社会运行环境和效用积累过程。

信息网络体系是信息化生产力的物质基础，包括信息资源，各种信息系统，公用通信网络平台等。

信息产业基础是信息化生产力的技术基础，包括信息科学技术研究与开发，信息装备制造，信息咨询服务等。

社会运行环境是信息化生产力的社会基础，包括现代工农业、管理体制、政策法律、规章制度、文化教育、道德观念等生产关系与上层建筑。

效用积累过程是信息化生产力的动态表现，包括劳动者素质，国家现代化水平，人民生活质量不断提高，精神文明和物质文明建设不断进步等。

除此之外，信息化理论还强调了信息化的持续过程。信息化不是一种静态的状态，而是一个持续的、动态的过程。这个过程是建立在IT产业发展与IT在社会经济各部门扩散的基础之上的，通过不断运用IT改造传统的经济、社会结构，通往一个信息技术被高度应用，信息资源被高度共享，人的智能潜力及社会物质资源潜力被充分发挥，个人行为、组织决策和社会运行趋于合理化的理想状态。信息化的持续过程，需要在实践中不断地调整和优化信息化的策略和路径，从而更好地适应社会经济的发展和变化。

在信息化理论中，信息化的目标是推动社会经济向高效、优质方向发展。这是通过在全社会范围内实现信息资源的高度共享，推动人的智能潜力和社会物质资源潜力充分发挥来实现的。信息化的目标不仅仅是技术的目标，更是社会经济发展的目标。信息化的实现将极大地提高社会的生产效率，提升人民的生活质量，推动社会经济的持续健康发展。

同时，信息化理论还强调了信息化建设的国家层面。国家信息化就是在国家统一规划和组织下，在农业、工业、科学技术、国防及社会生活各个方面应用现代信息技术，深入开发广泛利用信息资源，加速实现国家现代化进程。在这一过程中，需要构筑和完善开发利用信息资源，建设国家信息网络，推进信息技术应用，发展信息技术和产业，培育信息化人才，制定和完善信息化政策等六个要素的国家信息化体系。

综上所述，信息化理论为理解和指导社会信息化提供了重要的理论框架和方法，为推动社会信息化的健康发展提供了重要的理论支持。随着科技的不断进步和社会经济的持续发展，信息化理论也将不断丰富和发展，以适应新的发展需求和挑战。

（二）审计理论

审计理论是审计实践的理论基础，向我们提供了理解和执行审计工作的基本框架和准则。审计理论的基本构成包括审计环境、审计目标、审计假设和审计基本概念体系，这些元素共同构成了审计工作的基本理论框架。

审计环境是影响审计产生、存在和发展的所有外部因素的总和，为审计工作提供了外部背景和条件。审计环境包括政治环境、法律环境、经济环境、社会环境和审计组织环境。这些环境因素以不同的方式影响着审计工作，并构成了审计工作的外部条件和背景，同时对审计工作提出了不同的要求和期望。

审计目标是审计主体通过审计实践活动所期望达到的境地或最终结果。审计目标可以帮助审计主体明确审计工作的方向和目标，从而为审计工作提供了明确的目标导向。通过对审计目标的设定和实现，审计工作可以实现对财务报告的真实性和公正性的评估，从而帮助各方利益相关者获取和使用财务信息。

审计假设是审计工作的基本出发点，是根据已获得的审计经验和已知的事实，并以已有的科学理论为指导，对审计事务所产生的原因及其运动规律做出推测性的解释。审计假设是审计工作的理论基础，为审计工作提供了预测和解释审计事务的理论工具。

审计基本概念体系是审计理论的核心，是构建审计理论结构的基石，是指导审计实践的路标。审计基本概念体系包含一般准则、外勤工作准则、报告准则三个准则，这些准则为审计工作提供了基本的行动指南，确保了审计工作的系统性、科学性和规范性。

（三）基于学科交叉视角的审计信息化理论

在当今数字化、信息化的时代背景下，审计理论和信息化理论的融合已经成为一个不可避免的趋势。在这个过程中，信息化理论为审计理论的发展提供了新的理论资源，同时带来了新的审计实践和研究方法，使审计理论在新的时代背景下得到了创新和发展。

信息化理论强调了信息的生产、传播和利用的重要性，这为审计理论的发展提供了新的理论视角。在信息化的背景下，审计不再是对财务数据的审查，而是对企业的信息系统进行全面的审计，包括对信息的生产、传播和利用的审计，这就需要审计理论具备处理信息化问题的理论工具和方法。

信息化理论强调了信息技术在信息处理和决策制定中的重要作用，这为审计实践提供了新的工具。在信息化的背景下，审计师可以利用信息技术进行数据挖掘和数据分析，从而提高审计的效率和质量。同时，信息化理论也为审计研究提供了新的研究方法，如数据挖掘、机器学习等，这为审计理论的发展提供了新的研究路径。

在信息化理论和审计理论的融合下，基于学科交叉视角的审计信息化理论诞生了。这一理论是在信息化理论和审计理论的基础上，通过学科交叉的方法，构建的一种新理论。这种理论既包含了信息化理论的核心内容，也包含了审计理论的核心内容，同时融合了两者的优点，形成了一种新的理论。

基于学科交叉视角的审计信息化理论是一个涵盖了信息科学、计算机科学、经济学、法学等多个学科知识的全新理论框架，旨在推动审计实践的创新与发展。

在这个全新的理论框架下，审计不再局限于传统的财务审计，而是逐步扩展到信息系统审计、运营审计、合规审计等多个领域。这种转型是对审计学科内涵的深化与拓宽，也是对审计实践方式的革新与升级。

审计信息化理论强调了信息科学在审计实践中的重要作用。在信息化时代，大数据、人工智能、云计算等新一代信息技术正在改变人们的生活方式与工作方式，审计作为一门服务于经济社会发展的学科，也必须与时俱进，适应这一变化。审计信息化理论倡导利用信息技术进行数据收集、处理和分析，从而提高审计的效率和质量。

审计信息化理论倡导构建基于计算机科学的审计模型与方法。在数字化时代，传统的以人工为主的审计方式已经无法满足审计实践的需求，需要构建基于计算机科学的审计模型与方法，实现审计的自动化与智能化。通过构建基于机器学习、数据挖掘等技术的审计模型，审计信息化理论有望引领审计实践走向全新的阶段。

审计信息化理论强调了经济学知识在审计实践中的关键作用。无论是传统的财务审计，还是新兴的信息系统审计、运营审计，其核心任务都是评估经济活动的合规性、效率性和有效性。因此，经济学知识是构建审计信息化理论的关键要素，审计信息化理论必须建立在对经济活动深刻理解的基础之上。

审计信息化理论的发展，也对审计师的职业素养提出了新的要求。在信息化时代，审计师不仅需要具备专业的审计技能，还需要具备良好的信息素养，包括对信息技术的理解，对数据分析的熟悉，以及对信息安全和隐私保护的重视。这就要求审计师在专业技能的基础上，进一步提升自己的信息素养，以适应审计信息化理论的发展。

审计信息化理论的发展还为审计学科的未来提供了新的发展方向。在未来，人们可以期待审计信息化理论将引领审计实践走向更高的阶段，实现审计的自动化、智能化和个性化。同时，也可以期待审计信息化理论将推动审计学科的研究范式的转变，使审计研究更加深入，更加严谨。

总的来说，基于学科交叉视角的审计信息化理论，是一个全新的理论框架，旨在推动审计实践的创新与发展，也为审计学科的未来提供了新的发展方向。

第二节　数字技术发展提升高校审计质效

一、数字技术

（一）数字技术的内涵

数字时代，研究审计信息化，就离不开数字技术。

数字技术，是一个相对宽泛的概念，通常涵盖了计算机科学、信息科学和其他相关领域的技术。在最基本的层面上，数字技术指的是能够把各类图像、文字、声音等信息转换成电子计算机能识别的二进制数字，然后通过电子设备进行运算、加工、存储、传输和传播的技术。

这类技术主要基于二进制数，这种基于0和1的数制是数字计算机的基础，所有的信息都可以通过这种数制来表示和处理。这个过程通常涉及数据的收集、处理、存储和传输，以及通过算法和模型来从数据中提取有价值的信息。

数字技术不是凭空产生的，而是在互联网的迭代趋势下由市场需求催生而出的。以计算机和软件为中心的数字技术作为人类有史以来的伟大发明之一，其产生及普及推广很快引发了一场涉及全世界范围的数字化革命热潮，带动全球步入数字经济时代。

从这一点可以看出：数字技术并不仅仅是一种工具或服务，而是一种能够引领和推动社会变革的力量。数字技术的应用已经渗透到各个领域,从工业生产到日常生活,从科学研究到艺术创作,都发生了深刻的变化。数字技术不仅改变了我们生产、消费和交流的方式,还在重塑当前的社会结构和文化观念。这一重塑过程也被称为数字化,数字化始于数字技术,但是数字化并不等于数字技术。

(二)数字技术的特征

数字技术除具有一般技术所具有的系统性、客观性、规范性、创造性、目的性等基础特征之外,其独有的衍生特征表现为通用性、演进性、不确定性与外部性,如图 3-3 所示。

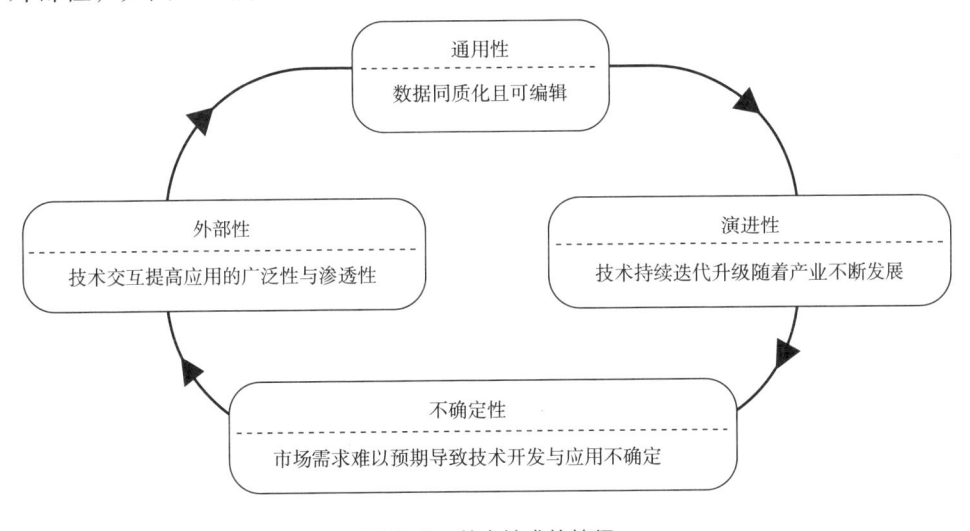

图 3-3 数字技术的特征

1. 通用性

数字技术是一种通用性技术,其出现和发展极大地改变了我们获取、处理和传播信息的方式。在信息社会中,数字技术的通用性特征体现得越来越明显。

数字技术的通用性来自其能够实现数据的同质化。无论是声音、图片还是文本等各种形式的信息,都可以通过数字技术转换为计算机能够理解的二进制语言。这种转换使所有类型的数据都可以在同一平台上进行处理和分析,极大地提高了信息处理的效率和准确性。此外,这种同质化的特性也使数据可以在各种应用环境中流动和共享,从而为各种行业和领域提供了巨大的价值。

数字技术的通用性体现在其跨行业的应用广度上。几乎所有的行业，无论是工业生产、商业服务，还是社会公共服务，都需要对大量的数据进行处理和分析。数字技术的应用使这些数据处理和分析工作变得更为简便和高效。在数字技术的推动下，各行各业都在发生着深刻的变化，行业边界也在不断地被打破。

数字技术的通用性还表现在其对数据深度挖掘的能力上。在数字技术的帮助下，我们可以对数据进行深度分析，发现隐藏在数据背后的规律和趋势。此外，数字技术还可以实现对数据的实时监控和处理，为决策提供及时的支持。

数字技术的通用性特征使它成为当今社会中不可或缺的一部分，不仅改变了人们处理信息的方式，也推动着各行各业的发展和变革。在未来，数字技术的应用还将更加广泛和深入，其通用性特征也将更加明显。

2. 演进性

数字技术的演进性是一种显著特性，体现在技术自身的演进和应用产业的演进两个方面。这种演进性贯穿了数字技术的研发、应用和普及过程，推动了数字技术不断向前发展，同时推动了各行业的数字化转型。

数字技术自身的演进性首先体现在其技术进步和功能拓展上。由于市场需求的不断变化，数字技术需要在性能上不断优化，以满足日益复杂的数据处理需求。同时，数字技术也需要随着市场需求的变化而不断增加新的功能和改变适应性，以便在不同的应用场景中发挥最大的价值。这种技术和功能的演进，使数字技术的类型和应用领域得到了极大的拓展，使其能够满足各种不同的需求。

数字技术的演进性其次体现在其对应用产业的影响上。数字技术作为一种工具，其发展和改进直接影响到各行业的工作方式和效率。随着数字技术的演进，各行业的设备、工艺和人力等方面都得到了数字化的提升和转型。这不仅提高了行业的生产效率，而且使行业能够更好地适应市场的需求变化，从而推动了行业的发展。

3. 不确定性

数字技术是在市场需求下催生而出的，而市场需求具有难以预期的变化性，这使数字技术的研究开发与应用存在极大的不确定性。数字技术的不确定性是其重要特性之一，主要体现在技术研发、应用和演进的不确定性。这种不确定性既是数字技术发展的驱动力,也是其面临的挑战。

在技术研发方面,数字技术是市场需求和技术创新的产物,依赖于知识和元素的整合重组。这种打破常规的重组方式意味着研发结果具有多样性和不确定性。在这个过程中,新技术、新应用的诞生往往超越了我们的预期,甚至可能改变我们对数字技术的理解和定义。

在技术应用方面,数字技术的应用面临着不确定性。由于市场中不同行业、不同情境的需求差异,数字技术的应用通常需要与各种技术、设备和产品进行整合。这种整合的结果往往无法预先得知,可能会产生超出预期的新功能,也可能会引发新的问题和挑战。虽然数字技术的使用在理论上可以提高效率、降低成本,但在实际操作中,由于操作者的技能、环境等各种因素的影响,可能并不能达到预期效果。此外,数字技术的使用可能带来一些未预见的副作用,如隐私泄露、数据安全等问题。

在技术演进方面,数字技术的发展速度迅猛,技术迭代更新周期短,这使技术的未来发展方向难以预测。在现今的技术环境中,新技术、新应用层出不穷,如人工智能、区块链、云计算等,这些技术的出现和发展,不断改变着我们的生活和工作方式。然而,由于这些技术的发展速度之快,导致即使是在相同领域的专业人士也很难对其未来的发展趋势作出准确的预测,不确定性因素显而易见。

此外,数字技术的发展有赖于相关政策的支持,但政策环境的变动性也为其发展带来了不确定性。政策环境对科技发展起到决定性的作用,政策的支持有助于技术的发展,而政策的限制则可能会抑制技术的进步。举例来说,各国对数字货币的政策态度就各不相同,这对区块链技术的发展构成了重大影响。因此,政策的变动性是数字技术发展不确定性的另一个重要来源。

技术的使用效果也是不确定的。数字技术的不确定性是其发展的重要特性,也是其面临的挑战。要充分利用并管理这种不确定性,就需要人们不断创新,具有应对不确定性的策略和能力。

4. 外部性

随着科技的不断发展,数字技术已成为当今社会的重要支柱,并在各行各业中发挥着至关重要的作用。数字技术的外延性特征,是指其发展和应用的广泛性、渗透性及其所引发的社会、经济等方面的深远影响。

数字技术的发展和应用覆盖了社会的方方面面,几乎没有哪一个领域不受其影响。从生活中的娱乐、教育、医疗，到工作中的生产、销售、管理，数字技术都发挥着重要的作用。这种广泛性的表现，一方面体现在技术应用领域的拓宽，如现在的智能手机已经不再仅仅是通信工具，而是集成了娱乐、支付、购物、教育等多种功能。另一方面体现在技术的深度不断增强，如在生产领域，数字化、网络化、智能化已经成为现代工业生产的标配。

同时，数字技术的渗透性也非常明显。不仅存在于硬件设备中，更渗透到软件应用、服务模式、商业模式等各个层面。数字技术改变了人们获取、处理、传递信息的方式，进而改变了我们生活、工作、学习的方式。在这个过程中，数字技术推动了社会的数字化转型，也促进了全新的商业模式和服务模式的出现，如电子商务、在线教育、数字健康等。

二、代表性数字技术

在复杂多样的各类数字技术中，最具代表性的有大数据、云计算、人工智能、区块链、5G 技术，如图 3-4 所示。

图 3-4 代表性数字技术

（一）大数据

大数据，作为 21 世纪最重要的技术之一，正以前所未有的速度改变着人们的生活和工作方式。这种技术的发展，以其强大的数据处理能力，提供了无数新的可能性，使人们能够从海量数据中提取有价值的信息，以指导决策、优化业务流程，进而提升组织的经营效率和效益。

对于组织而言，大数据是一种强大的决策工具。通过对海量数据的收集、整理、分析，组织能够得到关于外部需求、消费趋势、客户行为等方面的深度洞见，这对于组织制定发展战略和管理策略具有指导性意义。这种基于数据的决策方式，比传统的基于直觉或经验的决策方式更加科学、准确，能够帮助组织更好地应对外部市场，抓住发展机遇。

大数据也是一种强大的优化工具。通过对组织内部的生产、管理等各个环节的数据进行分析，组织可以发现业务流程中的"瓶颈"，进而对业务流程进行优化，以提高效率，降低成本。这种基于数据的业务优化方式，使组织能够在激烈的市场竞争中提升自身的竞争力。

除此之外，大数据也为组织提供了了解客户和服务客户的方式。通过对客户行为数据的分析，组织可以更好地了解客户的需求，从而提供更符合客户需求的产品和服务，提升客户的满意度和忠诚度。这种基于数据的客户关系管理方式，使组织能够更好地建立和维护与客户的关系，从而获得持续的业务增长。

在这些场景中，大数据都发挥了至关重要的作用，而随着大数据技术的发展和普及，其在组织中的应用还有待进一步拓展。然而，与此同时，如何有效地管理和利用这些海量的信息资源，是组织在大数据时代面临的一大挑战。在这个问题上，组织需要借助先进的信息技术，建立有效的数据管理系统，以提升数据管理的效率和效果。

（二）云计算

云计算，作为一种分布式计算，通过网络"云"将海量的数据计算处理程序拆分成无数个小程序，再借助于由多部服务器组成的系统进行处理与分析，最终将得到的处理结果反馈给用户。不仅改变了数据存储和处理的方式，更从根本上改变了组织运营和服务的模式，具有无限的潜力和可能性。

（1）云计算以其规模化的特点显著降低了组织的运营成本。尽管在初期，组织需要投入较大的资金来搭建云计算平台，但一旦这个平台建立起来，就可以反复利用，几乎没有额外的消耗。而且，随着使用的增加，边际成本会逐渐降低，使组织能够以更低的成本提供更多的服务。此外，云计算的规模化特性也使组织能够更快、更灵活地调整业务规模，以适应市场的变化。

（2）云计算以其敏捷化的特点提升了组织的服务效率。云计算能够在数秒之内处理数以万计的数据，使组织能够快速响应客户的需求，提供定制化的服务。同时，云计算的敏捷性也使组织能够快速调整业务流程，优化业务结构，以应对市场的变化，从而提升服务质量和效率。

（3）云计算以其平台化的特点提升了组织的技术体系效率。云计算提供了一个开放的技术系统，可以集成各种数字技术，简化系统架构，优化业务接口，提升技术体系的效率。这使组织可以更快地实现创新，更好地适应市场的变化。

然而，尽管云计算在组织管理和业务决策中的应用已经相当广泛，但是如何将其转化为更深层次的服务能力，如收集用户行为信息、知识挖掘以及数据挖掘功能在内，还有待技术的进一步升级和融合。随着技术的不断进步，人们有理由相信，云计算的潜力将会被更充分地挖掘出来，为组织创造更多的价值。

（三）人工智能

人工智能，这个名词对于现代社会来说已经不再陌生。作为一门新兴的技术科学，它致力于研究开发用于模拟、延伸和扩展人的智能的理论、方法、技术及应用系统。尽管这个领域还在不断地发展和完善中，但是其潜力和可能性已经引起了全世界的关注。在这个过程中，人工智能技术也为组织的运营带来了新的机遇和挑战。

人工智能系统能够显著降低组织的人工成本。借助于先进的机器学习和深度学习技术，组织能够使用人工智能系统来代替传统的人工方式进行运营和服务。这不仅能够节省大量的人力成本，还能够提高服务的稳定性和一致性。此外，这种方式还能够解决传统人工方式在面对复杂和繁重任务时可能出现的错误和疏忽。

人工智能系统能够提高组织的运营效率。对于外部运营来说，组织可以利用人工智能技术来扩展其业务范围和服务时效。例如，很多企业都开发了自己的智能手机应用或微信公众号、小程序，通过这些平台，组织可以实时推送产品信息、折扣活动等内容，使用户能够及时了解最新的产品信息，并与组织实现高效的互动。而对于内部运营来说，人工智能技术可以实现对组织内部运营管理的实时监控、智能运行和信息反馈，从而节省大量的作业时间，提高内部运营管理的效率。

人工智能系统能够帮助组织有效地控制经营风险。由于人工智能系统的计算精度远高于人工计算，因此，它可以在计算机系统内按照一定的条件设置进行实时的精密演算，当实际情况与设置情况不一致时，系统可以及时预警潜在风险，有效规避因人员工作疏忽或经验不足带来的生产操作或管理风险。

人工智能在组织的应用包括智能制造、智能管理、机器人服务等，特别是对传统产业改造升级具有更明显成效，是推动经济转型发展和提高人民生活质量的重要手段之一。

（四）区块链

区块链技术是一种创新型的分布式账本技术，以去中心化、不可篡改、高度透明等特性脱颖而出，为各行各业带来了颠覆性的变革。在过去的几年里，区块链技术已经从最初的虚拟货币应用场景，发展到企业、金融、政府等多个领域。

区块链技术的核心概念是将数据按照一定的规则组织成区块，并通过密码学技术将这些区块按照时间顺序连接成一个线性链条。每个区块都包含一定数量的交易数据和其他信息，这些信息受到严格的加密保护，确保了数据的完整性和安全性。这种链式数据结构有助于实现数据的有序、可追溯和易于验证的特点。

去中心化是区块链技术的一个显著特征。在传统的中心化系统中，数据存储和处理集中在一个或少数几个中心节点上。这种模式容易导致数据泄露、系统故障等问题。而区块链技术采用了分布式网络架构，所有参与节点共同维护一份数据副本，实现了数据的分布式存储。这意味着，即使某个节点出现故障，其他节点仍然可以保持系统的正常运行。此外，去中心化特性还有助于降低单点故障的风险，提高系统的安全性和稳定性。

区块链技术的不可篡改性是其另一重要特征。通过使用密码学技术，区块链确保了一旦数据被写入，就无法被篡改或删除。这是因为每个区块都包含了前一个区块的哈希值，形成了紧密的链式关系。如果对任何一个区块的数据进行修改，都会导致该区块及其后续区块的哈希值发生改变，从而使整个链条失效。这种特性使区块链技术在保证数据真实性和防止数据篡改方面具有很高的价值。

区块链技术在组织中的应用主要体现在以下六个方面：

（1）区块链技术能够提高交易支付结算的速度。通过采用分布式核算的方式，区块链可以实现各类交易的实时清算，大幅提高工作效率。区块链交易确认流程涉及清算、交收、审计等环节，这种分布式核算方式可以显著提高交易支付结算的速度。

（2）区块链技术具有去中心化特性，可以缩短组织业务流程，节省大量人力、物力，从而降低组织经营成本。去中心化特性使组织之间的合作更加高效，同时减轻了中心化组织的负担和风险。

（3）区块链的透明性有利于降低信任风险。区块链技术可以验证账本内容及构建过程的真实性和完整性，确保交易数据具有可信性和不可篡改的特性。在一定程度上，这增强了系统的可追责性，降低了信任风险。

（4）区块链的点对点网络海量分布式节点和计算机服务器保证了区块链各部分的相对独立运行。每个节点都保存着数据副本，即使某一环节的数据受到损坏，也不会影响整个系统的运作。这种特性有效地预防了系统故障和网络攻击带来的风险。

（5）组织运用区块链技术可以实现文件或资产的代码化或分类账方式反映。通过建立区块链中的数据处理程序，可以实现自动交易等功能，提高资金支付的自动化水平。

（6）区块链技术确保所有记录被永久保存且无法篡改。任意交易双方的交易情况都可以被追踪和查询，满足组织资金监管的需求。

（五）5G技术

5G技术，全称第五代移动通信技术，是继2G、3G和4G之后的下一代移动通信技术，为人们带来前所未有的网络体验，具有超高速度、超低时延和海量连接等特点。5G技术将为各行各业提供更广泛的应用场景，包括智能交通、远程医疗、虚拟现实、物联网等，同时为个人和组织提供了更多的便利和发展机会。

与前几代移动通信技术相比，5G技术具有很多显著优势。5G技术的传输速率非常高，峰值速率可达每秒10～20Gbps，是4G技术的百倍以上。这意味着，使用5G网络，用户可以在短短几秒内下载一部高清电影，或在网络游戏中获得更流畅的体验。

5G 技术具有超低时延，端到端的延迟可降低到 1 毫秒。这对于很多对时延敏感的应用场景至关重要，如自动驾驶汽车、远程医疗手术等。在这些场景中，即使是几毫秒的延迟也可能导致严重的后果。因此，5G 技术的超低时延为这些领域带来了巨大的发展潜力。

另外，5G 技术能够支持海量连接，这使物联网大规模连接应用成为可能，为各个行业带来了新的发展机遇。值得一提的是，5G 技术还具有较高的能效。与 4G 网络相比，5G 网络在相同数据传输量的情况下，能耗大大降低。这将有助于降低运营商的运营成本，同时有利于减少碳排放，保护环境。

5G 技术的实现依赖于多种关键技术。其中之一是大规模天线技术，通过在基站和移动设备上部署大量天线，提高了信号传输的效率和质量。大规模天线技术可以显著提高网络容量和覆盖范围，降低干扰，从而实现更高的传输速率。另一个关键技术是密集网络技术，通过在城市和乡村部署大量的小型基站，实现了网络覆盖的密集化。这样做可以有效提高网络容量和覆盖范围，同时降低信号传播延迟。这种布局方式有助于满足高速移动场景下的高速数据传输需求，为用户提供更好的网络体验。除此之外，毫米波技术也是 5G 技术的一个重要组成部分。毫米波是指波长在 1～10 毫米的电磁波，频率在 30～300GHz。与传统的低频段相比，毫米波具有更宽的频谱资源，可以提供更高的数据传输速率。然而，毫米波在大气中的传播衰减较大，因此需要采用高增益天线和先进的信号处理技术来提高信号质量。

三、数字技术对高校审计的驱动价值

随着数字技术的不断发展，大数据、云计算、人工智能、区块链和 5G 技术等新兴技术在高校审计领域的应用逐渐成为现实。这些技术为高校审计带来了更高的质量和效率，同时引发了一系列新的风险和挑战。要充分利用这些数字技术的优势，高校审计需要不断更新知识和技能，以便更好地应对这些风险和挑战。

大数据技术的应用为高校审计提供了丰富的数据来源和强大的数据分析能力。高校审计工作可以利用大数据技术对海量数据进行深入挖掘和分析，发现潜在的问题和风险。

例如，审计人员可以通过对财务数据、教学数据、科研数据等各类数据的

综合分析,全面了解高校的运行状况,从而为审计决策提供有力支持。此外,大数据技术还可以帮助审计人员快速发现异常数据和规律,提高审计的准确性和效率。

云计算技术的普及使高校审计能够在云端进行,实现了审计数据的集中存储和处理。这为高校审计带来了更高的效率和灵活性,审计人员可以随时随地访问审计数据,进行实时监控和分析。同时,云计算技术还可以为高校审计提供强大的计算能力,支持复杂的数据分析任务,提高审计质量。

人工智能技术,尤其是机器学习和自然语言处理等领域的进步,为高校审计带来了更智能化的分析和判断。例如,审计人员可以利用机器学习算法对大量数据进行自动分类和归纳,发现数据中的异常和风险。通过自然语言处理技术,审计人员还可以对高校的政策文件、报告等非结构化文本数据进行深入分析,提取有价值的信息。这些技术的应用大大提高了审计的质量和效率。

区块链技术作为一种去中心化、不可篡改、高度透明的分布式账本技术,区块链可以有效保证数据的真实性和完整性。在高校审计中,区块链技术可以应用于多个环节。

例如,高校可以使用区块链记录财务交易、科研成果、学术成果等信息,确保数据不被篡改。审计人员可以利用区块链技术进行实时监控,实现对数据完整性和真实性的全程跟踪。此外,区块链技术还可以降低审计成本,简化审计流程,提高审计效率。

5G技术作为一种高速、低延迟、大连接数的新一代移动通信技术,也为高校审计带来了新的可能性。5G技术可以实现更快速的数据传输和实时处理,使审计人员能够更方便地获取和分析大量数据。同时,5G技术还可以支持更多的设备连接,为物联网等新兴应用提供基础设施,进一步拓宽审计领域的应用场景。

每种数字技术的应用都能从不同角度为高校审计提供助力。在高校审计工作中,综合应用数字技术已成为一种趋势。为了充分利用这些技术的优势,高校需要在多个方面开展工作,包括审计策略制定、审计过程优化、审计人员培训等,以便将数字技术对高校审计的驱动价值更好地发挥出来。

高校需要制定合适的审计策略,明确数字技术在审计工作中的应用目标和方向。在策略制定过程中,高校应充分考虑自身的实际情况,如审计工作的重点领域、数据资源状况、技术投入等因素。此外,高校还需要关注数字技术的发展趋势和最佳实践，以便及时调整审计策略，确保审计工作的有效性和可持续性。

在审计过程中，高校可以通过多种方式综合应用数字技术。例如，在数据收集阶段，高校可以利用大数据技术实现对多种数据源的自动化采集，提高数据收集的效率和准确性。在数据分析阶段，高校可以使用人工智能技术对收集到的数据进行深入挖掘和分析，发现潜在的问题和风险。在审计报告编制阶段，高校可以借助云计算和5G技术实现远程协作，提高报告编制的质量和效率。

为了确保数字技术在审计工作中的有效应用，高校还需要关注审计过程的优化。这包括审计流程的重构、审计方法的创新、审计技术的集成等方面。例如，高校可以通过引入敏捷审计、持续审计等先进理念，改进审计流程，提高审计的灵活性和实时性。同时，高校还可以探索将人工智能、区块链等技术与传统审计方法相结合，实现审计方法的创新。

在审计人员培训方面，高校需要重视数字技术的培训和普及。这既包括审计人员的技术培训，也包括审计人员的素质培训。在技术培训方面，高校应组织定期的培训活动，帮助审计人员掌握大数据分析、人工智能、区块链等技术的基本原理和应用方法。这样可以确保审计人员具备使用这些技术开展审计工作的能力。在素质培训方面，高校应关注审计人员的创新意识、沟通协作能力、道德操守等方面的培养。这将有助于审计人员在数字技术应用中发挥更大的作用。

为了更好地应对数字技术带来的挑战，高校可以考虑建立专门的审计创新实验室或研究中心，聚焦数字技术在审计领域的应用研究。这样的机构可以为高校提供一个集技术研发、实践应用和人才培养于一体的平台，有利于培养一批具备数字技术能力的审计人才，推动高校审计工作的持续创新。

第三节　审计思维转变完善高校治理与发展

一、审计信息化建设转变高校审计思维

审计信息化建设在高校审计领域的应用和发展，不仅有助于提高审计工作的质量和效率，还能引导和推动审计思维的转变。审计信息化建设通过引入先进的审计技术和理念，使高校审计从传统的审查和监督向数据驱动、智能化、全面性和预警性等方向发展，具体包括八个方面的思维转变，如图3-5所示。

从经验主义向数据驱动转变

从线性思维向系统思维转变

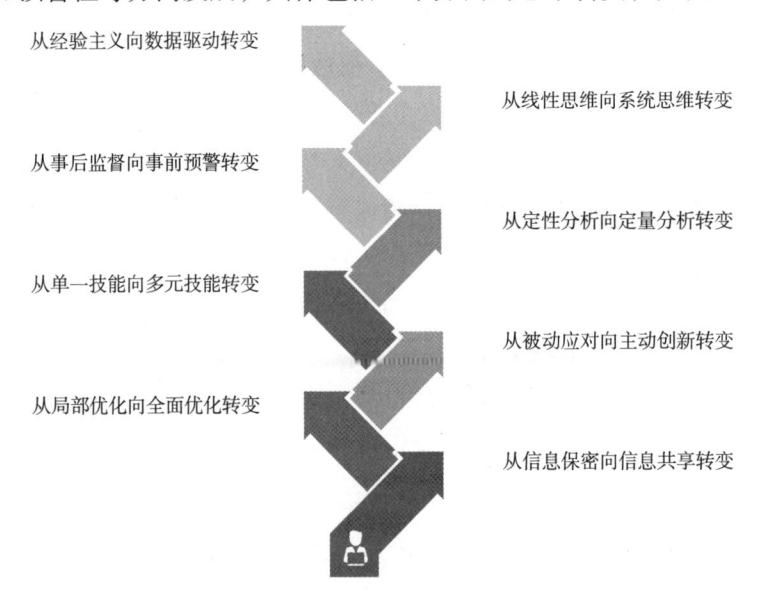

从事后监督向事前预警转变

从定性分析向定量分析转变

从单一技能向多元技能转变

从被动应对向主动创新转变

从局部优化向全面优化转变

从信息保密向信息共享转变

图3-5　审计信息化建设转变高校审计思维

（一）从经验主义向数据驱动转变

在传统的高校审计工作中，审计人员主要依靠自己的经验和专业判断来识别审计风险、发现问题并给出建议。然而，这种方法可能受到人为因素的影响，导致审计结果出现偏差。随着审计信息化建设的推进，大数据分析和人

工智能等技术在审计领域的应用越来越广泛，数据驱动的审计思维逐渐成为主流。

审计信息化建设的首要任务是整合高校各类业务数据，构建大数据平台和数据仓库，提高数据的可用性和质量。通过这些技术手段，审计人员可以更好地了解审计对象的业务状况，减少人为因素对审计结果的影响。

数据驱动的审计思维强调对审计过程的科学性和规范性，使审计工作更加系统化、标准化和自动化。这有助于减少人为干预和主观判断，提高审计工作的可靠性和效率。与此同时，借助数据驱动的审计思维，审计人员可以更加全面地把握审计对象的内在规律和外部环境，从而更好地发现潜在的问题和风险。

审计信息化建设还强化了审计人员的数据分析能力。通过引入大数据分析工具和算法，审计人员可以从海量数据中挖掘有价值的信息，为审计决策提供依据。这有助于提高审计工作的客观性和准确性，减少对个人经验和专业判断的依赖。借助数据驱动的审计思维，审计人员可以通过对历史数据的分析，发现潜在的审计风险和问题。同时，通过实时监控和智能预警技术，审计人员可以及时发现异常状况，从而提前采取措施防范和整改。这种审计方式能够更有效地识别风险，提高审计工作的预防性和前瞻性，从而使审计更具针对性和实效性。

数据驱动的审计思维在高校审计领域的应用体现在审计人员的沟通和协作方面。通过数据共享和信息交流，审计人员可以更好地协同工作，减少重复劳动和信息不对称。此外，数据驱动的审计思维还有助于审计人员更有效地向高校管理层传达审计信息和建议，从而促进高校管理的优化和改进。

（二）从线性思维向系统思维转变

在传统高校审计工作中，审计人员通常关注单一业务流程的审查，而忽视了业务流程之间的关联性和复杂性。不过，随着审计信息化建设的推进，云计算、物联网等先进技术得到广泛应用，使审计人员能够从系统角度全面把握业务流程的全貌，更好地理解审计对象的内在规律，从而更有效地发现潜在的问题和风险。

系统思维强调对问题进行全局性、整体性的思考，关注问题的根本原因及其在整个系统中的作用。在审计信息化建设的推动下，高校审计人员逐渐从线性思维转向系统思维，关注审计对象的各个方面和环节，以及各自之间的相互影响和联系。这种全面性和关联性的视角有助于审计人员更准确地识别问题，更有效地提出解决方案。

审计信息化建设通过数据整合和分析，为审计人员提供了全面、翔实的业务数据，使审计人员在分析审计对象时能够全面把握各个业务流程，以及它们之间的关联性。这种数据支持的系统思维有助于审计人员更深入地了解审计对象的业务运作和管理状况，从而提高审计工作的质量和效果。

（三）从事后监督向事前预警转变

传统的高校审计工作主要集中在事后监督，对于问题和风险的发现往往滞后。然而，随着审计信息化建设的推进，实时监控、智能预警等技术得到广泛应用，使审计人员能够在问题和风险发生之前及时发现异常和隐患，从而提前采取措施进行防范和整改。

事前预警思维的引入，使审计工作逐渐从被动应对转向主动预防。通过实时监控和智能预警技术，审计人员可以及时捕捉到业务运作和管理中出现的异常情况，提前识别可能存在的风险。这种即时性和前瞻性的审计方式，有助于审计人员更有效地防范和处理问题，减少问题和风险对高校运营和管理的影响。

审计信息化建设提高了数据获取的响应速度，使审计人员能够及时准确地获得实时数据。通过对实时化、动态化数据的深入分析，审计人员可在众多数据和信息中筛选出关键性的风险因素，发现潜在的风险点，为风险预防提供有力支持。

（四）从定性分析向定量分析转变

传统审计方法往往侧重于定性分析，虽然定性分析方法依赖于审计人员的经验和专业判断，容易受到主观因素的影响，但碍于成本与工作量等因素的阻碍，定量分析很难展开。

随着审计信息化建设的深入，定量分析方法逐渐成为审计工作的重要手段。通过引入数据分析、算法模型等技术，审计人员可以从大量数据中提炼有价值的信息，形成定量化的审计结论。这种转变有助于提高审计工作的科学性和严谨性。定量分析在审计工作中的应用，也使审计结果更加客观和可靠。

（五）从单一技能向多元技能转变

审计信息化建设在高校审计领域的推进，为审计工作带来了新的机遇和挑战。为适应这种变革，审计人员不得不转换发展思维，丰富个人技能，从单一技能向多元技能发展。这一转变有助于提高审计工作的全面性和深入性，同时是审计信息化建设对审计人员的倒逼。

多元化技能指的是审计人员必须具备跨领域的知识体系和综合素质。传统的财务审计、内部控制等专业技能仍然是基础，但在此基础上，还需要掌握大数据分析、人工智能、网络安全等新兴技术。这些技能的掌握将使审计人员能够更好地应对复杂多变的审计环境，提高审计工作的效率和质量。

例如，大数据分析技能就是审计人员的重要技能之一。审计信息化建设的推进意味着高校审计工作涉及的数据量会越来越大，审计人员需要具备对大数据进行处理和分析的能力。通过对大数据的挖掘和利用，审计人员可以更准确地发现问题、分析风险，从而提高审计结果的客观性和准确性。还有人工智能技术应用技能，掌握人工智能技能的审计人员可以更好地利用这些技术提高审计效率，实现从事后监督向事前预警的转变。

总之，为了适应审计信息化建设的要求，审计人员需要不断地更新知识，提升个人综合素质。这需要他们参加各类培训、研讨会，学习相关技术和领域的最新发展动态，并从参与高校审计信息化建设的实践中丰富自己的经验与技能。

（六）从被动应对向主动创新转变

审计信息化建设称得上是一次高校审计工作的重大转型，在这种情况下，审计人员需从被动应对转变为主动创新，以不断适应和领先于数字技术的发展趋势。

为此，审计人员要主动关注数字技术的发展趋势，如大数据、人工智能、云计算等，并积极探讨这些技术在审计领域的应用。还应当摒弃传统审计思维，积极探索新的审计方法，如数据驱动的审计方法、实时监控、智能预警等。这些创新方法将有助于审计人员更好地发现问题和风险，提高审计工作的效率和质量。此外，审计人员要重视团队协作和跨部门合作。审计信息化建设中涉及的问题和技术日益复杂，单靠个人力量难以应对。通过团队协作和跨部门合作，审计人员可以共享资源、交流经验，共同解决审计工作中遇到的问题。这将有助于提高审计工作的全面性和深入性。

（七）从局部优化向全面优化转变

随着审计信息化建设的深入推进，高校审计工作逐渐从局部优化向全面优化转变。这一转变意味着审计工作不再局限于单一领域的优化，而是通过整合各类审计资源，实现审计工作的全流程优化和协同。这种转变有助于提高审计工作的整体效能，降低审计成本，提升审计价值。

（1）审计信息化建设促使审计人员从宏观角度审视审计工作。传统审计方法往往关注局部问题，容易忽视审计工作的整体效果。而审计信息化建设使审计人员能够全面把握业务流程，从宏观角度审视审计工作。这样的视角有助于审计人员发现潜在的问题和风险，增强审计工作的全面性和深入性。

（2）审计信息化建设强化了审计工作的协同性。在高校审计过程中，各个审计环节需要紧密配合，以实现整体优化。审计信息化建设通过提供统一的审计平台，实现审计数据的共享和协同处理，从而提高审计工作的协同效率。这将有助于审计人员更好地发现问题，提高审计工作的效果。

（3）审计信息化建设有利于审计资源的整合。传统审计工作中，各类审计资源往往分散在不同的部门和系统，难以实现有效整合。而审计信息化建设通过构建统一的审计资源库，将各类审计资源整合在一起，提高资源利用率。这将有助于降低审计成本，提高审计工作的整体效能。

（八）从信息保密向信息共享转变

信息化本身就意味着信息的流动与共享，因此，审计信息化建设推动高校审计思维从信息保密向信息共享转变。当各部门能够充分共享信息时，审计人员可以更快地获取相关数据，从而更高效地完成审计任务。

具体而言，信息共享有助于提高审计工作的透明度。在传统的审计模式中，审计部门往往独自承担审计任务，而其他部门对审计工作的了解相对有限。通过实施审计信息化建设，高校可以建立一个统一的审计信息平台，使各部门能够实时了解审计进度和结果。这种透明度有助于提高审计工作的公信力，增强各部门对审计结果的信任度。同时，信息共享促进了各部门间的协作与沟通。当各部门能够共享审计信息时，他们更容易发现彼此间的问题和差距，从而主动开展合作，提高整个高校的管理水平。此外，信息共享还有助于形成一个互相监督的环境，使各部门更加重视审计工作，积极改进自身的管理和运作方式。

在审计信息化建设推动高校审计思维从信息保密向信息共享转变的过程中，审计部门在高校治理结构中的地位得到了进一步强化。信息共享使审计部门在整个高校治理体系中发挥更为重要的监督作用，有助于维护高校的经济利益和声誉。同时，信息共享还有助于审计部门与其他部门建立更为紧密的合作关系，形成一个共同推动高校发展的治理格局。

二、审计思维转变助力高校审计治理与发展

高等教育在推动国家经济社会发展、提升国家整体竞争力方面发挥着至关重要的作用。然而，高校作为提升高校治理能力的重要手段，其潜能与价值还未完全挖掘出来，亟待进行深入剖析和有效探索。

针对审计治理范围受限的情况，在全面优化、系统思维、信息共享等新型审计思维的驱动下，高校将积极拓展审计的宽度和深度，打破常规性审计的局限，使审计更加全面、深入。当然，审计不仅仅是财务收支和经济责任的审查，更应关注教育科研项目的内部控制和经济效益，同时要审计高校的教学质量、师资力量、科研能力等关键领域。此外，还需要根据高校教育事业的发展实际，及时调整审计内容和方式，使之更符合高校的实际需求。

要提升高校审计独立性，需要在数据驱动、定量分析的思维下开展审计工作，用数据"说话"，而不是凭人的想法办事。这有利于高校建立并落实审计独立性的机制。高校将设立独立的审计部门，由专业审计人员独立执行审计任务。同时，要保证审计人员的权益，防止其受到非审计因素的影响，保证审计的公正、公平。

对于树立高校审计权威性这一论题，需要在事前预警的思维下提高审计结果的权威性，赋予审计更大的决策权，以便发挥审计结果的应用价值。高校审计的结果应作为高校决策的重要依据，高校理应积极响应审计结果，及时改正存在的问题，预防潜在的风险。同时，要强化对审计工作的监督，加大对违反审计规定行为的惩罚力度，进一步提升审计的权威性。

高校审计治理要想更加规范化，必须秉承主动创新的思维，强化审计规范的建立和执行。一方面，高校应严格遵守国家审计标准，规范审计行为。另一方面，高校还应建立完善的审计流程，明确审计人员的责任和权限，确保审计的公正、公平、公开。同时，还应加强对审计人员的培训，提升其专业能

力和职业素养，使其在审计实践中能够遵循审计规范，确保审计工作的质量和效果。

在高校治理与发展实践中，可以借鉴成功的审计经验和方法，运用多元技能融合应用的思维，结合高校的实际情况，制定出具有中国特色的高等教育审计治理方案。这一方案不仅需要具备完整的理论体系和科学的方法论，还需要考虑到中国高等教育的特殊性，如区域差异、高校类型差异等因素。同时，也应该充分利用现代科技手段，如大数据、人工智能等技术，提升审计工作的效率和精确度。例如，通过大数据技术，可以对海量的教育数据进行深度分析，发现教育管理中的问题和风险；通过人工智能技术，可以自动化地执行一些审计任务，减轻审计人员的工作负担，让他们有更多的精力去关注重要的审计问题。

总之，审计思维的转变是一场涉及理念、方法、技术等多个方面的深度革新，需要持续投入时间和精力去推动。然而，只有这样，才能真正提升高等院校的治理能力，推动高等教育的健康发展，实现教育强国的伟大梦想。

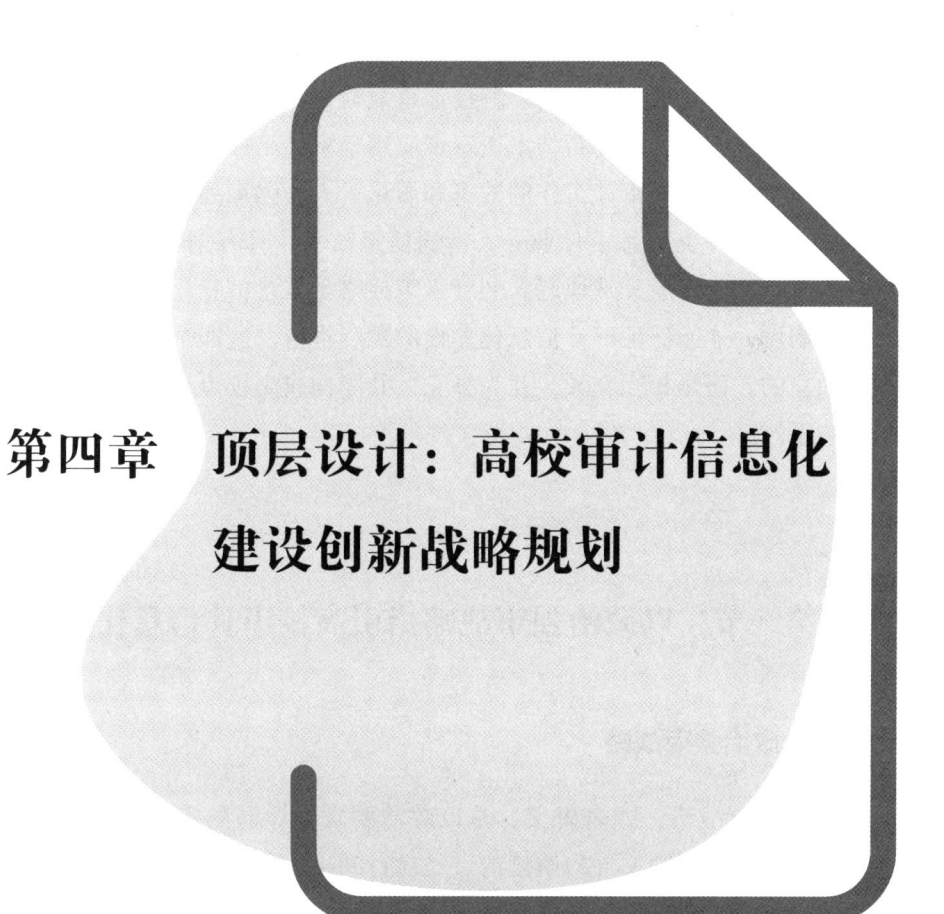

第四章 顶层设计：高校审计信息化建设创新战略规划

面对着全球化和信息化的大背景，高校审计信息化建设工作十分迫切。在建设过程中，高校首先需要有清晰的顶层设计，规划出一条既符合中国特色，又符合高校实际的审计信息化建设的道路。这就是本章要探讨的主题——高校审计信息化建设的创新战略规划。

政治、科技、人才和制度四个方面的强审战略将起到至关重要的作用。政治强审战略是审计信息化建设的指引，要求高校始终坚持党的领导，坚持社会主义核心价值观，坚持为人民服务，坚持公正公平，坚持全面从严治党，以此来引领审计信息化建设的方向。科技强审战略是审计信息化建设的统领，大数据、云计算、人工智能等新技术正逐步应用于审计工作中。高校需要充分利用这些科技手段，提高审计工作的效率和质量。人才强审战略是审计信息化建设的支撑，没有一支熟悉审计业务、精通信息技术、具有创新精神的人才队伍，审计信息化的建设就无从谈起。制度强审战略是审计信息化建设的保障，只有完善的制度，才能保证审计信息化建设的顺利进行。这四个方面的战略并不是相互独立的，而是相互交叉，互为补充，共同构成高校审计信息化建设的战略规划体系。

第一节　以政治强审战略指引高校审计信息化建设

一、政治强审战略

政治强审战略，顾名思义，是以政治要求为导向的审计，但这并不意味着其仅仅关乎政策性文件的解读或者是对行政决策的服从。这是一个更为全面的概念，包含了对党的领导的坚决维护，对习近平新时代中国特色社会主义思想的深入学习，对政治立场的坚守，对政治方向的明确，以及对政治站位的提高。

在这一战略中，党的领导被视为首要的政治要求。审计工作的每一项任务、每一项决定，都要坚决维护习近平总书记党中央的核心、全党的核心地位，坚决维护党中央权威和集中统一领导。这是审计工作的政治方向，也是审计工作的根本保证。

政治强审战略强调对习近平新时代中国特色社会主义思想的深入学习和理解。审计工作人员要深入学习贯彻习近平新时代中国特色社会主义思想，理解这一思想对审计工作的指导意义，并以此为审计工作的行动指南。在具体的审计工作中，要坚持用习近平新时代中国特色社会主义思想来指导审计实践，来解决审计工作中的实际问题。

政治强审战略重在站稳政治立场，坚定政治方向，提高政治站位。审计工作是党和人民赋予的一项重要任务，要始终坚守人民的立场，始终坚持以人民为中心的发展思想，始终坚持以服务人民为目标，始终坚决反对任何形式的腐败行为，始终坚决维护人民的利益。

政治强审战略关注落实党建责任制和意识形态工作责任制，推进全面从严治党。审计工作既是一项专业技术性的工作，也是一项政治性极强的工作。要加强党的建设，增强党的战斗力，坚决维护党的团结统一。还要贯彻落实好意识形态工作责任制，加强党对意识形态工作的领导，提高意识形态工作的实效。在审计工作中，要坚决防范和抵制各种错误思想的侵蚀，始终坚持党的理论和路线方针政策，始终坚持党的群众路线，始终保持对马克思主义的高度信仰。

政治强审战略要求制订有效的学习计划，提升党员干部的理论素养和业务能力。要组织引导全局党员干部学习党史，学习党的理论，学习党的路线方针政策，通过学习提高党员干部的政治觉悟，增强党员干部的政治信仰，提高党员干部的政治素质。还要结合审计工作的实际，加强党员干部的业务培训，提升党员干部的业务能力，使他们能够更好地为人民服务。

在政治强审战略的实践中，要发挥审计委员会的作用，站在政治和全局的高度推进审计工作。审计委员会作为审计工作的领导机构，要始终保持对审计工作的高度重视，始终坚持科学决策，始终坚持把审计工作和党的总体工作紧密结合起来，始终坚持把审计工作与全面深化改革、全面依法治国、全面从严治党结合起来，始终坚持以审计工作的改革创新推动审计工作的发展。

总的来说，政治强审战略是指导审计工作的重要战略，是在审计工作中必须坚持的政治方向，也是在审计工作中必须遵循的政治原则。只有这样，才能在审计工作中实现政治立场、政治方向、政治原则、政治道路的统一。

二、政治强审战略对高校审计信息化建设的指引作用

政治强审战略对于高校审计信息化建设的指引作用，可谓深远而重要。政治强审战略的核心在于以习近平新时代中国特色社会主义思想为指导，坚持党的领导，坚定政治方向，提高政治站位，落实党建责任制和意识形态工作责任制，推进全面从严治党。这一战略的实施，对于引领高校审计信息化建设，保证其在正确的方向上前进，具有十分关键的作用，如图4-1所示。

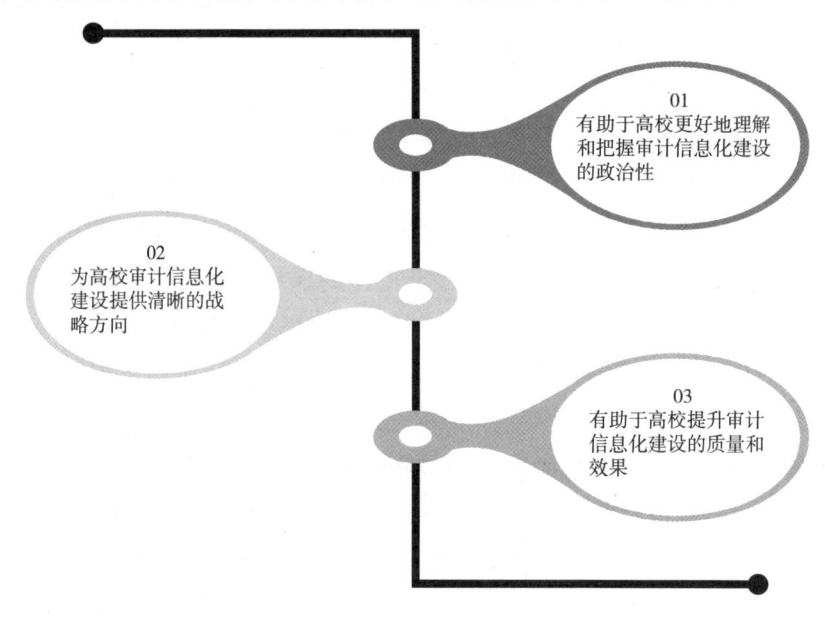

图4-1 政治强审战略对高校审计信息化建设的指引作用

（一）有助于高校更好地理解和把握审计信息化建设的政治性

高校审计信息化建设不仅是一项技术性的工作，在很大程度上也是一项政治性工作。这是因为高校审计工作与高校治理密切相关，而高等教育与党的建设和国家发展息息相关。因此，高校必须坚持党的领导，坚定政治方向，提高政治站位，以确保审计信息化建设始终符合党和人民的利益，始终符合社会主义核心价值观。

在审计信息化建设的过程中，高校必须始终坚持党的领导，坚定政治方向。这是因为，只有在党的领导下，审计信息化建设才能保持正确的方向，才能真正服务于国家治理和社会发展。政治强审战略以习近平新时代中国特色社

会主义思想为指导,为高校的审计信息化建设提供了清晰的政治方向,为高校的审计信息化建设指明了道路,确保了高校的审计信息化建设始终在正确的道路上前进。

同时,高校审计信息化建设必须始终提高政治站位,始终站在党和人民的立场上,始终站在社会主义核心价值观的高度,来看待和处理审计信息化建设中的各种难题。

此外,政治强审战略有助于高校落实党建责任制和意识形态工作责任制,推进全面从严治党。审计信息化建设的成功,离不开全面从严治党的坚决执行,离不开党建责任制和意识形态工作责任制的认真落实。政治强审战略强调坚决贯彻落实党建责任制,做好审计信息化建设的组织指引工作,确保审计信息化建设的组织化、制度化。

最关键的是,政治强审战略强调要坚决反对任何形式的腐败行为,坚决维护人民的利益。这是高校审计信息化建设的根本要求,也是审计信息化建设的基本原则。在进行审计信息化建设的过程中,高校必须始终以人民为中心,始终坚决反对任何形式的腐败行为,始终坚决维护人民的利益。这有助于高校更好地理解和把握审计信息化建设的政治性,更好地推动审计信息化建设的公正和公平。

(二)为高校审计信息化建设提供清晰的战略方向

习近平新时代中国特色社会主义思想,为高校审计信息化建设提供了清晰的战略方向,这一伟大思想的科学内涵和精神实质,为高校明确审计信息化建设的发展方向、确定工作重点、做好任务部署,提供了根本遵循和行动指南。

审计信息化建设的最终目的是服务于高校的教学和科研工作,推动高校的发展。这就要求高校必须坚持以习近平新时代中国特色社会主义思想为指导,坚持人民立场,以人民为中心,始终坚持以人民的需求为出发点和落脚点,切实保障和改善人民的利益,全心全意为人民服务。

在政治强审战略的指引下,高校在实践中会深入理解和把握习近平新时代中国特色社会主义思想,把这一科学理论内化为审计信息化建设的动力源泉和行动指南,引领高校审计信息化建设始终走在正确的道路上。在此基础上,高校能够通过审计信息化建设,更好地发挥审计工作的职能,推动审计工作的现代化。

在政治强审战略的指引下，高校会全面提升审计人员的政治素质和业务能力，培养一支政治坚定、业务精良、作风优良、纪律严明的审计队伍。通过深入学习贯彻习近平新时代中国特色社会主义思想，深化政治理论教育，坚定政治信仰，提高政治素养，增强"四个意识"、坚定"四个自信"、做到"两个维护"，始终同党中央保持高度一致。

总之，政治强审战略为高校审计信息化建设提供清晰的战略方向，是审计信息化建设的指南针。

只有坚定不移地坚持政治强审战略，坚持以习近平新时代中国特色社会主义思想为指导，高校才能在审计信息化建设的道路上始终保持正确的方向，从而更好地理解和把握审计工作的性质、任务和目标，可以更好地规划和布局审计信息化建设。

（三）有助于高校提升审计信息化建设的质量和效果

审计信息化建设在实施的过程中，政治强审战略的作用不仅体现在把握政治性和明确战略方向上，更体现在提升审计质量和效果上。

1. 政治强审战略保证审计信息化建设的正确性

以人民为中心是高校党的根本立场，服务于社会主义现代化建设是审计工作的根本任务，提升审计效果是审计信息化建设的根本目标。政治强审战略正是基于这样的立场、任务和目标，为审计信息化建设提供了正确的政治指引，保证了审计信息化建设的正确性，不走偏路，不浪费资源。

2. 政治强审战略提升审计信息化建设的科学性

政治强审战略坚持党建责任制和意识形态工作责任制，推进全面从严治党，将政治原则和科学原则相结合，使审计信息化建设既有严谨的政治立场，又有科学的工作方法，更好地利用高校的资源，满足高校的发展需求。

3. 政治强审战略提升审计信息化建设的严肃性和有效性

审计信息化建设涉及大量的数据处理和信息传递，任何的失误和疏忽都可能影响审计结果的准确性，甚至可能导致严重的后果。政治强审战略坚持全面从严治党，严肃审计工作，坚决反对任何形式的腐败行为，能够大幅提升审计信息化建设的严肃性和有效性，杜绝国家资源浪费，发挥真正意义上的审计职能。

三、高校实施政治强审战略的重点

在审计信息化建设中,高校实施政治强审战略,重点要关注以下四个方面,如图 4-2 所示。

建设绝对忠诚的审计机关　01　02　建设保持进步的审计机关

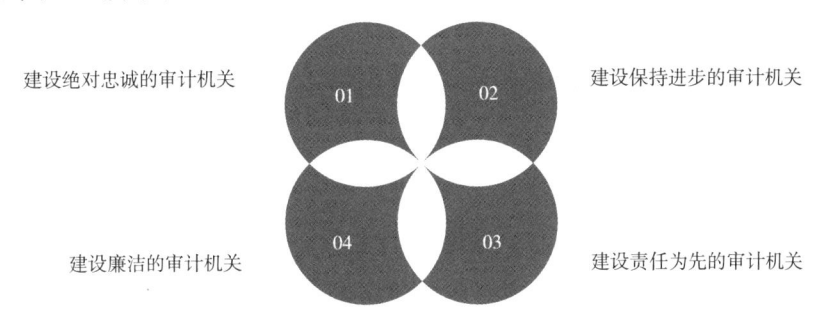

建设廉洁的审计机关　04　03　建设责任为先的审计机关

图 4-2　高校实施政治强审战略的重点

(一)建设绝对忠诚的审计机关

高校实施政治强审战略的重点之一在于建设绝对忠诚的审计机关,坚决维护党对审计工作的集中统一领导。

(1)必须牢固树立"审计机关首先是政治机关"的观念。在高校,审计机关也是党和政府的重要组成部分,其职能是在党的领导下,依法对高校财经活动进行审计监督,维护国家的财政经济秩序,保障社会主义现代化建设的顺利进行。因此,审计机关在开展工作时,必须始终坚持党的领导,坚持以人民为中心,坚决维护党中央权威和集中统一领导。

(2)审计机关是党和人民的忠诚卫士,必须始终保持清醒的政治清醒性和政治决断力,坚决抵制一切不良风气的侵蚀,坚决肃清任何影响和破坏党的领导和社会主义制度的因素。

(3)必须把加强党对高校审计工作的领导贯穿高校审计工作全过程,坚持党建与业务同谋划、同部署、同落实。这是高校审计工作的基本原则和基本方式,也是高校审计工作的生命线和根本保证。只有这样,高校审计工作才能始终保持正确的政治方向,始终坚持人民立场,始终服务于高校治理和社会主义现代化建设。

(4)高校审计工作必须跟进党中央的重大决策部署,成为党和高校管理者决策的重要依据和执行的重要监督。审计工作的结果直接关系到高校的决策是否科学、合理、有效，关系到高校发展的全局和长远。因此，审计工作必须及时、准确、全面地反映经济高校发展的真实情况，为党和高校管理者的决策提供科学依据。

（二）建设保持进步的审计机关

高校实施政治强审战略重点之一是建设保持进步的审计机关，这是推动高校审计工作发展的关键一环。

1.增强做好审计工作的政治责任感

在高校审计机关中，党委的领导地位必须得到坚决维护和强化。实行党委带头、支部跟进的工作模式，能够确保审计工作始终坚持正确的政治方向，始终同党中央保持高度一致。通过以习近平新时代中国特色社会主义思想武装头脑、指导实践、推动工作，增强"四个意识"、坚定"四个自信"、做到"两个维护"，审计机关能够在思想上、行动上同党中央保持高度一致。

2.深入学习贯彻习近平总书记对审计工作的重要讲话重要指示批示精神

深入学习贯彻习近平总书记对审计工作的重要讲话重要指示批示精神，是审计机构保持进步的重要保证。习近平总书记的讲话和指示批示，为审计工作指明了方向，提供了行动指南。审计机关要以此为根本遵循，开展交流研讨，筑牢落实"两个维护"的政治根基。

3.深化"不忘初心、牢记使命"主题教育成果

深化"不忘初心、牢记使命"主题教育成果是审计机构保持进步的关键。理论学习不能仅仅停留在会议室，而要搬到审计项目一线、调查研究一线，把学习成果转化为指导实践、推动信息化建设工作的具体行动。这样，审计机构不仅能够提升自身的政治素养和业务能力，而且能够更好地服务于高校的教学和科研工作，为高校的改革发展提供强有力的审计保障。

4.坚决落实严明审计纪律

审计工作是一项严肃的政治任务，必须坚持严明的审计纪律，保证审计工作的公正、公平、公开。审计机构要坚决防止和纠正各种违反审计纪律的行为，确保每一个审计项目都能够实事求是、公正公平地完成。

总之，在实施政治强审战略的过程中，高校审计机构必须始终保持清醒的政治头脑和坚定的政治立场，坚决维护党的领导地位、坚决维护人民的根本

利益、坚决维护社会公正公平。同时，审计机关也要积极创新，勇于改革，不断提升自身的审计业务能力和服务水平，为高校的改革发展提供强有力的审计保障。

（三）建设责任为先的审计机关

在新的历史条件下，高校审计信息化建设的任务越发繁重，责任越发重大。政治强审战略的实施，使高校审计机构在提高审计效能的同时，强化了自身的政治责任。这一策略的关键在于构建一种以责任为先的审计机关，其核心理念是将法律责任、行政责任和道德责任融为一体，全面履行审计监督职责。因此，建设责任为先的审计机关是高校实施政治强审战略的又一重点。

（1）高校审计信息化建设要依法全面履行审计监督职责，这是基本要求。高校审计机关必须坚决贯彻落实政府的各项审计工作要求，以法律为准绳，按照法定职责和程序开展审计工作。同时，要更好地优化审计资源，以提高审计效率，实现审计工作的高效化和专业化。

（2）高校审计信息化建设要严格质量管理，规范审计行为，这是重要任务。审计业务全过程管理，全过程规范审计行为，全过程质量控制，是审计工作的基本原则。高校审计机关必须坚持原则，敢于斗争，攻坚克难，始终做到查真相、说真话、报实情。只有这样，才能保证审计工作的公正性和公信力。

（3）高校审计信息化建设要现场督促指导专项审计工作，这是具体行动。高校审计机关的领导要深入一线，了解审计工作的实际情况，及时解决工作中的问题，提供现场指导和帮助。这样，不仅可以提高高校审计工作的效率，而且可以提高高校审计工作的实效。

建设责任为先的审计机关，既是对高校审计机关的高要求，也是对高校审计机关的期待。在审计信息化建设的过程中，高校审计机关必须始终以提高审计质量和效果为目标，全面履行审计监督职责。只有这样，才能在新的历史条件下，更好地发挥审计在高校管理中的效能。

（四）建设廉洁的审计机关

在新时代的审计信息化建设中，建设廉洁的审计机关是高校实现政治强审战略的关键。这涉及的是如何将政治理念、法治精神与审计实践相结合，形成一种高效、透明、公正的审计监督机制。这一过程不仅需要高校审计机关的自我完善和自我提升，更需要所有审计人员坚定理想信念，始终保持对廉洁自律的追求。

1. 为政治生态出清向好贡献审计力量

高校审计机关要为政治生态出清向好贡献审计力量。这需要通过组织开展相关活动，召开干部警示教育大会，组织审前廉政教育、旁听庭审警示教育等多种方式，增强高校党员干部纪律规矩意识。在每一次审计工作中，都要以提高政治敏锐性和政治判断力为目标，确保审计工作始终在正确的政治方向上推进。

2. 强化监督执纪

高校审计机关要强化监督执纪，严格执行审计"四严禁"工作要求和审计"八不准"工作纪律。这需要制定详细的廉政教育和廉政检查办法，用好"四种形态"，健全常态化提醒、明察暗访、专项治理机制，以此确保高校审计工作的公正性和公信力。

3. 推动协同合作

高校审计机关要推动审计监督与纪检监察、巡视巡察有效贯通，强化跨部门协作配合，及时移交重大违纪违法问题线索，形成强大监督合力。这一过程需要高校审计机关与纪检监察、巡视巡察等部门建立密切的合作关系，共同构建一种高效、公正、公开的审计监督机制。

第二节　以科技强审战略统领高校审计信息化建设

一、科技强审战略

科技强审战略是在新时代下，为更好地发挥审计在党和国家监督体系中的作用，推动审计机关技术现代化，提高审计工作效率和质量而提出的一项重要战略。这一战略具有突出的战略性、基础性地位，是审计工作迈向新阶段的重要支撑。

要理解科技强审战略，还需从科技强审战略的内涵、实施路径、前瞻性探索及战略落地等方面进行全方位的把握。

（一）科技强审战略的内涵

科技强审战略的内涵主要体现在三个方面：①将科技运用到审计工作中，通过科技手段提高审计工作的效率和质量；②推动审计信息化建设，使审计工作更加系统、规范和科学；③依靠科技力量，提升审计工作的现代化水平，形成与新时代相适应的审计模式。

（二）科技强审战略的实施路径

实施科技强审战略需要推动科学技术与审计工作的有机融合，将审计信息化嵌入审计工作的各个环节。例如，利用大数据、云计算、人工智能等先进技术，提高审计工作的自动化、智能化水平，使审计工作更加精准、高效。同时，针对审计工作的特性和需要，开发适合的审计软件和系统，实现审计数据的快速采集、处理和分析，提升审计结果的科学性和准确性。

（三）科技强审战略的前瞻性探索

科技强审战略的前瞻性探索主要是关注前沿技术、颠覆性技术，分析和探索这些技术与审计工作的融合前景。例如，区块链技术可以提高审计数据的安全性和可追溯性，人工智能可以通过深度学习等方式提升审计工作的智能化水平，5G通信技术可以实现审计数据的实时传输和共享等。

（四）科技强审战略的战略落地

科技强审战略的落地需要构建有利于科技强审战略落地生效的机制，强化战略思维，定期评估科技强审战略实施的外部环境，建立健全有利于科技与审计深度融合发展的长效机制，形成有利于科技人才脱颖而出的良性机制。例如，可以设立专项基金，支持审计科技研发；建立科技审计人才库，吸引和培养一批具有科技视野和审计专业能力的复合型人才；在审计机构内部，建立以科技创新为导向的激励机制，鼓励审计人员积极运用科技手段进行审计工作。

总而言之，科技强审战略是一种以科技为手段，提升审计工作效率和质量，推动审计信息化建设的战略。这一战略的实施，既需要审计机构自身的努力，也需要各方的支持和配合。只有这样，才能真正实现科技强审，推动审计工作的现代化发展。

二、科技强审战略对高校审计信息化建设的统领作用

科学是第一生产力。科学技术从来没有像今天这样深刻影响着国家前途命运，从来没有像今天这样深刻影响着人民生活福祉。现代科技极大改变了高校审计工作，不仅在改变审计环境、审计对象，也在改变审计理念观念、组织管理、方式方法。现代科学技术与审计工作的融合程度，在高校审计工作中应用的深度和广度，深刻影响着高校审计机关的职能定位，深刻影响审计监督作用发挥的效果，直接关系审计工作质量和效率的高低。

具体来说，科技强审战略对高校审计信息化建设的统领作用体现在以下三个方面，如图4-3所示。

图4-3 科技强审战略对高校审计信息化建设的统领作用

（一）有助于高校发挥审计监督体系的作用

高校作为国家科技进步和人才培养的重要基地，拥有大量的公共资源和资金，其审计监督体系的作用不容忽视。在新时代背景下，中国特色社会主义的发展呼唤高校更高效、更全面、更深入地进行审计监督工作，而这也是推动高校不断向前发展的重要力量之一。在这个过程中，科技强审战略的实施具有重要的统领意义。

1.科技强审战略是推动高校审计全覆盖的重要手段

随着科技的不断发展和进步，审计工作的范围和内容也在不断扩大和深

化。高校作为科技和教育的重要阵地,其内部的公共资源和资金流动性较大,而科技强审战略可以通过现代科技手段,如大数据、人工智能等,实现对高校所有公共资金、公共资源、公共资产、领导干部经济责任履行情况的全面监督,实现审计全覆盖。从而提升审计效率和效果,增强社会公众对高校资源使用的信任度。

2. 科技强审战略提升高校审计监督质量和层次

以前的高校审计工作主要依赖人工进行,容易受到人力、时间、成本等因素的限制,而科技强审战略的实施,可以通过科技手段,将大数据分析、机器学习等技术应用于审计工作中,从而实现对审计对象的深度挖掘和分析,提高审计的精确度和准确性,进而提升高校审计监督的质量和层次。

3. 科技强审战略有助于审计机关跟踪高校的科技供给情况

科技强审战略关乎国家经济安全、环境安全、能源安全、民生安全等方面的技术进展,推动科技管理体制改革。这对于促进我国科技进步,建设科技强国具有重要作用。同时,这也有助于高校审计机关及时发现并预防科技项目中可能存在的风险,保障国家科技投入的有效性和安全性。

4. 科技强审战略的实施提升高校审计工作的公开透明度

通过信息化技术,高校审计结果可以在一定范围内进行公开,让更多人了解高校的资金使用情况,增强社会监督力度,防止资金的滥用和浪费,提升高校的公众信任度。

总之,科技强审战略的实施对于高校发挥审计监督体系的作用具有重要的推动作用。在新时代背景下,高校应充分利用现代科技手段,深化审计监督事项,提升监督质量和层次,为构建公平公正的审计环境,推动高校科技进步做出更大的贡献。

(二)支撑推进高校审计机关技术现代化

技术现代化是国家审计现代化的重要内容,也是影响国家审计现代化深度和广度的重要因素。科技进步深刻改变人类生产生活方式。当前新一轮科技革命蓄势待发,以信息化为重要内容的科技革命正在对各行各业、各领域各环节产生深远影响。

新时代的审计工作,不仅要求审计机关在传统审计领域的技术革新,更要求与时俱进，紧跟科技进步的步伐，对审计机关的技术现代化提出了更高的要求。科技强审战略作为审计工作的新统领思想，对推进高校审计机关技术现代化具有重要的支撑作用。

1. 科技强审战略推动审计工具和方法的创新

科技强审战略要求高校审计机关积极探索和应用新兴技术手段，以提高审计工作的质量和效率。例如，大数据技术、人工智能、云计算等现代科技在审计领域中的应用，可以帮助审计机关实现对审计数据的高效处理、深度挖掘和精准分析，从而提高审计工作的准确性和全面性。此外，通过运用先进的信息技术手段，审计机关可以实现远程审计、实时监控等功能，降低审计成本，提高审计效率。

2. 科技强审战略推动审计管理模式的变革

高校审计机关在推进技术现代化的过程中，不仅要关注技术手段的创新和应用，还要关注审计管理模式的变革。科技强审战略强调高校审计机关要运用现代科技手段，推动审计工作方式和管理模式的创新发展。例如，通过建立信息化审计管理系统，实现审计项目的统筹规划、动态管理和协同执行，从而提高审计管理的科学性和规范性。同时，审计机关还要积极探索运用先进的信息技术手段，实现审计工作的公开透明，增强社会监督力度。

3. 科技强审战略促进审计人员素质的提升

科技强审战略的实施，对高校审计人员的素质和能力提出了更高的要求。审计人员需要具备较强的科学思维能力，能够熟练运用现代科技手段进行审计工作。因此，审计机关要加大对审计人员的培训力度，提升审计人员在新兴技术领域的知识储备和应用能力。同时，高校审计机关还要关注审计人员的创新意识和技能培养，鼓励他们在审计实践中积极探索和尝试新的审计工具和方法。

4. 科技强审战略引领审计文化的更新

科技强审战略的实施，还要求高校审计机关重视审计文化的建设。在新的科技背景下，审计机关需要树立以信息化、数字化为导向的审计文化，推动审计工作理念、审计工作态度和审计工作方式的现代化。通过提升审计文化的现代化水平，可以进一步提高审计工作的社会影响力和公众认同度，增强审计工作的社会效应。

（三）提高审计工作效率和质量

科技手段在改进组织方式、提高工作效率、提升工作质量等方面具有不可估量的作用。现代社会，技术更新和成果转化更加便捷，社会生产的自动化、智能化水平越来越高，社会生产力、劳动生产率面临新飞跃。推动新时代审计工作新发展，落实审计改革各项任务，靠增加人手、增加编制，虽能缓解高校审计任务繁重与审计力量有限的矛盾，但很难实现更高质量的发展。只有依靠科技强审，高校审计机关才能尽早实现能力的提升，在监督高校活动时领先一步，跟上不断改进工作效率和质量的时代步伐。

科技强审不仅仅是一种理念，更是一种行动的导向。科技强审的目标是通过采用新的科技手段，以提升审计工作的效率和质量。而这一目标的实现，关键在于审计机构对新科技的理解、掌握和应用。

（1）科技强审意味着高校需要深入了解自身科技进步新实践。在这个过程中，审计人员需要不断学习新的科技知识，以便更好地理解高校的业务流程和运作模式，这样才能更准确、更深入地进行审计工作，发现潜在的风险和问题。

（2）科技强审要求高校审计机构在监督高校经济活动时要领先一步。这就需要高校利用科技手段，提高审计工作的效率。例如，高校可以利用大数据、人工智能等新技术，对大量的数据进行快速、准确的分析，从而快速发现问题，提高审计的效率。

（3）科技强审还要求高校跟上不断改进工作效率和质量的时代步伐。这需要高校不断更新审计工具和方法，以适应新的科技发展，实现审计工作的高质量发展。科技强审并不是一蹴而就的，需要高校不断学习、实践和创新，只有这样，高校才能在新的科技环境下，更好地执行审计工作，为教育的公正公平做出更大贡献。

三、高校实施科技强审战略的重点

为推动高校审计工作深层次变革，彰显中国特色社会主义审计的先进生产力、制度优越性和国际影响力，深入实施科技强审战略，高校需要重点展开四个方面的工作，如图4-4所示。

```
              将审计信息化嵌入高校审
              计工作各环节

探索更多前沿技术与          01           推动不同科学技术
高校审计工作融合的    04        02       与高校审计工作深
        前景                            度融合
                        03

              构建有利于科技强审战略
              落地生效的机制
```

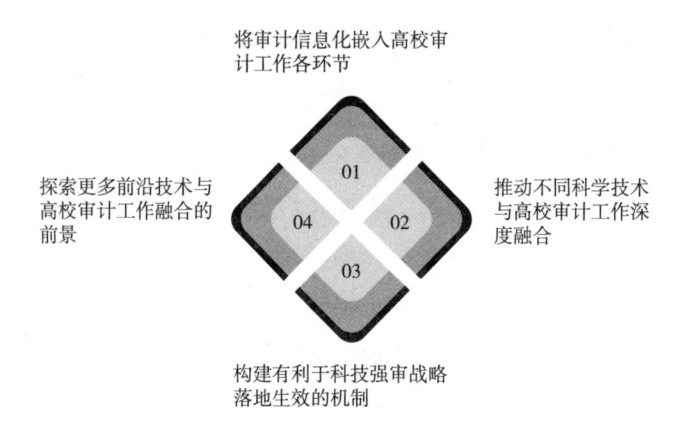

图 4-4　高校实施科技强审战略的重点

（一）将审计信息化嵌入高校审计工作各环节

当今世界正进入以信息产业为主导的经济发展时期，数字化、网络化、智能化融合发展，深层次影响实体经济运行模式态势。审计信息化正逢其时，审计信息化是实现科技强审的关键手段，是高校审计工作迈向现代化的关键一步。在此背景下，高校有必要深入探讨如何将审计信息化嵌入高校审计工作的各个环节。

在审计前阶段，审计信息化主要体现在审计计划的制订和审计风险的识别上。通过信息化手段，可以快速收集和处理大量的财务和非财务信息，辅助审计员确定审计目标和审计范围，更准确地识别和评估审计风险。

在审计中阶段，审计信息化主要体现在审计证据的收集和审计程序的执行上。通过信息化手段，可以更快更全面地收集审计证据，减少人为误差，提高审计程序的执行效率。

在审计后阶段，审计信息化主要体现在审计报告的编制和审计结果的公布上。通过信息化手段，可以快速生成审计报告，提高审计报告的准确性和公信力，同时，也可以通过网络公布审计结果，增加审计的透明度。

（二）推动不同科学技术与高校审计工作深度融合

随着科技进步与信息化发展，审计领域亦面临着从传统方式向科技驱动的转变。高校作为科研、教育的重要场所，其审计工作的科技化转型尤为重要。实施科技强审战略，推动不同科学技术与高校审计工作深度融合，不仅能提高审计效率，还能够增强审计的公信力和透明度，从而提升高校的治理能力。

例如，大数据技术是当前审计领域最主要的技术应用，能够对大量、复杂的数据进行高效处理，对高校审计工作来说，这意味着能够更快地获取和处理审计证据，更准确地识别和评估审计风险。大数据的运用能够极大地提高高校审计工作的效率和质量，实现真正意义上的全面审计。

人工智能技术在审计领域中发挥着重要作用。通过机器学习、深度学习等技术，人工智能可以自动进行数据分析和模式识别，从而发现可能存在的问题。同时，人工智能还可以通过自我学习和适应性改变，随着时间的推移，人工智能下的高校审计能力会不断提高。

此外，区块链技术也为审计工作提供了新的可能性。区块链技术的主要特点是去中心化和不可篡改，这使高校审计信息的存储和传输变得更加安全和可信。通过区块链技术，高校审计工作可以实现真正的实时审计，提高审计的时效性。

不过，将科技深度融入审计工作，既会带来巨大的机遇，也会带来挑战。例如，如何处理大数据中的隐私问题，如何保证人工智能的公正性和透明性，如何防止区块链技术的滥用等。因此，高校在推动科技与审计工作的融合时，也需要加强对这些新技术的研究和管理，以确保科技在服务审计工作的同时，也符合社会的法律和伦理规范。

（三）构建有利于科技强审战略落地生效的机制

高校在实施科技强审战略的过程中，应当建立一个科技与审计深度融合的长效机制。这一机制旨在将科技创新成果转化为审计工作的有效手段，从而提高审计工作的效能。为此，高校应当从多个方面入手，确保科技与审计工作的有机结合，最终实现审计工作的现代化。

1.明确科技创新与审计工作之间的需求关系

明确科技创新与审计工作之间的需求关系意味着高校需要在科技创新的过程中，充分考虑审计工作的实际需求，从而更好地引导科技创新成果服务于审计工作。具体来说，高校可以组织专门的调研活动，深入了解审计工作中存在的问题和挑战，从而为科技创新提供有针对性的指导。此外，高校还应当关注国内外科技发展的前沿动态，掌握最新的科技成果，为审计工作的创新提供源源不断的动力。

2.充分利用校内外的科技资源

高校应当充分利用校内外的科技资源，实现科技创新成果与审计工作的有效对接。为此，高校可以积极开展与其他高校、科研机构和企业的合作与交流，共享科技资源，推动科技创新成果在审计工作中的广泛应用。同时，高校还可以借助现代信息技术手段，建立科技创新成果与审计工作对接的在线平台，实现资源共享、信息互通和成果传递，从而有效提高审计工作的效能。

3.建立科技创新成果评价与激励机制

为鼓励审计人员积极参与科技创新工作，高校还应当建立科技创新成果评价与激励机制。具体来说，高校可以制定科技创新成果在审计工作中的应用评价体系，对于在审计工作中发挥重要作用的科技创新成果给予充分的肯定与奖励。还可以设置专门的科技创新奖项，对于在科技创新与审计工作中取得突出成绩的审计人员给予表彰与奖励，以激励更多的审计人员积极参与科技创新工作，为审计工作的发展贡献力量。

4.注重跨学科、跨领域的合作与交流

在建立科技与审计深度融合的长效机制过程中，高校还应当注重跨学科、跨领域的合作与交流。高校需要打破传统的审计工作与科技创新之间的界限，积极寻求与其他学科、领域的合作与交流机会，从而实现审计工作与科技创新的有机融合。具体来说，高校可以组织跨学科、跨领域的研究团队，共同开展科技创新与审计工作的研究与实践；设立跨学科、跨领域的科技创新与审计工作研究基地，为科技创新与审计工作的深度融合提供实验平台和实践场所。

5.加强科技创新与审计工作的宣传与推广

加强科技创新与审计工作的宣传与推广需要高校通过各种渠道和形式，积极传播科技创新与审计工作的理念、方法和成果，提升社会对科技创新与审计工作的认知度和关注度。具体来说，高校可以开展系列的科技创新与审计工作宣传活动，如举办科技创新与审计工作论坛、展览和座谈会；编写科技创新与审计工作的案例、教材和指南，为审计人员和社会提供学习和参考资料；利用现代传媒手段，如网络、报刊、电视和广播等，广泛传播科技创新与审计工作的理念、方法和成果，从而提升科技创新与审计工作的社会影响力。

6.关注未来审计工作的发展趋势

在推动科技与审计深度融合的过程中，高校还应关注未来审计工作的发展

趋势，时刻关注科技发展的前沿动态，以及审计工作的新需求、新挑战，从而为科技创新与审计工作的深度融合提供长远的战略规划。具体来说，高校可以组织定期的审计工作发展趋势研讨会，邀请国内外审计工作与科技创新领域的专家、学者共同探讨未来审计工作的发展方向，为科技创新与审计工作的融合提供有益的启示；通过开展前瞻性的研究项目，探索审计工作与科技创新的未来发展趋势，为审计工作的现代化提供战略指导。

（四）探索更多前沿技术与高校审计工作融合的前景

对于高校而言，科技强审战略不仅有助于提升审计工作的科学性、准确性和效率，而且能够推动学校的科研创新和教学质量。探索更多前沿技术与高校审计工作的融合，是实现科技强审战略的重点，也是提升高校审计工作的重要手段。

（1）高校是科技创新的重要基地，对前沿技术有着深入的理解和掌握，这为将这些技术融入审计工作提供了有力的支撑。例如，通过引入人工智能技术，可以自动化处理大量审计数据，通过机器学习技术，可以进行深度数据分析，发现潜在的风险和问题，通过区块链技术，可以确保审计数据的安全性和完整性。

（2）高校是教育培养的重要场所，可以通过教学活动，培养学生对新兴技术的理解和掌握，从而为审计工作提供人才支持。例如，开设相关课程，教授学生如何运用新兴技术进行审计工作，通过实习、实训等方式，让学生有机会实践运用新兴技术进行审计工作。

实施科技强审战略，对于高校而言，先要有明确的战略目标和实施路径。高校要根据自身的特点和需求，明确科技强审战略的目标，如提升审计效率、提高审计质量等，并制定出实施路径；引入哪些新兴技术、如何引入、引入后如何进行管理和运用等。另外，高校要建立健全有利于科技强审战略实施的机制。这包括科技创新机制、技术推广应用机制和人才培养机制等。科技创新机制，是指通过研发活动，不断引入和创造新的审计技术；技术推广应用机制，是指通过培训、示范等方式，推广新的审计技术的应用；人才培养机制，是指通过教学活动，培养具有新兴技术应用能力的审计人才。

此外，高校要有建立健全的科技强审战略评估机制。这包括对科技强审战略的实施效果进行定期评估，对新兴技术的引入和应用效果进行评估，对人才培养的效果进行评估，对科技创新的效果进行评估等。通过评估，可以及时发现问题，针对问题进行改进，从而确保科技强审战略的实施效果。评估机制还包括对科技强审战略的反馈和调整，根据评估结果，对科技强审战略进行反馈和调整，以适应科技发展和审计工作的变化。

为了让科技强审战略在高校审计工作中真正落地生效，高校还需要建立与重要科研机构的长期合作机制。通过与科研机构的紧密合作，高校审计机关可以及时获取最新的科研成果和技术动态，为审计工作提供技术支持。同时，高校审计机关还可以通过与科研机构的合作，提供对科研活动的审计服务，以确保科研资金的合理使用和科研成果的真实性。

第三节　以人才强审战略支持高校审计信息化建设

一、人才强审战略

在全球化和知识经济时代，人才已经成为最为关键的资源。尤其是在科技、教育、经济、政治等领域，人才对于组织的长远发展具有决定性的影响。人才强审战略，是一种以人为本的战略，旨在通过培养、引进和激励优秀人才，使组织在开展审计工作时充分认识到人才的价值，把人才视为组织发展的关键要素，以人力资源优势为基础，推动组织实现可持续发展，获得强大的竞争地位。

人才强审战略是指审计工作中，通过发挥人才优势，提升审计人员的业务素质和综合能力，从而推动审计事业持续创新发展的战略。人才强审战略体现了审计机关对人才的高度重视，强调人才是审计工作的关键要素，是提高审计质量和效率的核心动力。

人才强审战略的核心在于对人才的培养、引进、激励和管理。这意味着组织或内部审计需要建立一套完善的审计人才培养体系，通过教育、培训、实践等方式，提高审计人才的综合素质，使之具备更高的专业技能和创新能力。

实施人才强审战略，旨在打造一支具备专业素养、业务能力、创新精神和审计职业道德的高素质审计人才队伍，为审计事业的繁荣发展提供强有力的人力保障。这需要建立在一定的文化基础之上。包括尊重人才、崇尚创新、追求卓越等一系列积极的价值观和理念。只有在这样的文化氛围中，审计人才才能够充分展示自己的才华，为组织的发展做出更大的贡献。

此外，人才强审战略还需要与时俱进，紧密结合审计的发展战略和现实需求。在不断变化的全球竞争环境中，组织要及时把握新的发展机遇，调整和优化人才培养和引进策略，以适应不断变化的发展需求。这也意味着人才强审战略需要具有前瞻性、创新性和灵活性，以便在各种复杂情况下，更好地发挥人才的潜力和价值。

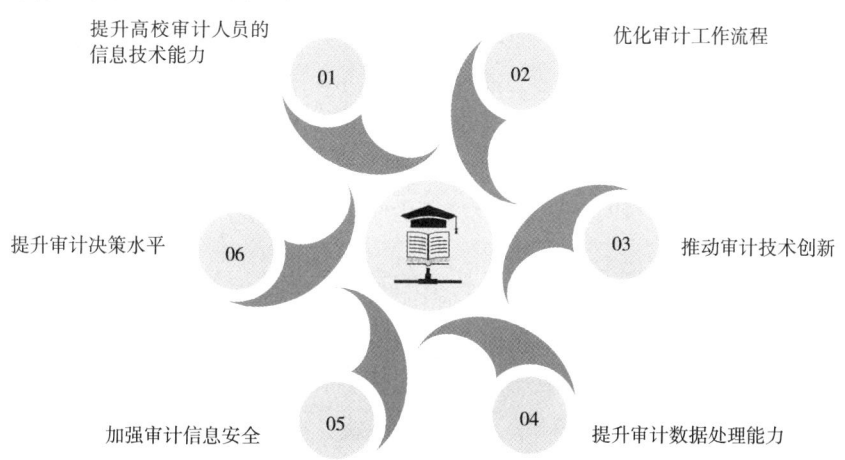

二、人才强审战略对高校审计信息化建设的支持作用

人才强审战略对高校审计信息化建设具有至关重要的支持作用。在当今这个信息技术快速发展、数据驱动决策日益重要的时代，审计的信息化建设和审计人员的素质、能力之间存在着密切的关系。审计信息化建设需要高素质的审计人才来推动和实施，而审计人才的培养和发展又离不开信息化手段的支持。在这种情况下，人才强审战略对于推动高校审计信息化建设具有以下几个方面的支持作用，如图4-5所示。

图4-5 人才强审战略对高校审计信息化建设的支持作用

（一）提升高校审计人员的信息技术能力

在审计信息化的过程中，审计人员的信息技术能力是至关重要的。只有熟悉并掌握了相关的信息技术，审计人员才能有效地进行审计工作。因此，实施人才强审战略的过程也是对高校审计人员进行全面技术培训的过程，包括信息技术的使用、数据分析的方法、新兴审计技术的了解等，其中，信息技术的使用主要是指如何操作各种审计软件，如何使用电脑进行数据处理等；数据分析的方法主要是指如何利用统计学和数据挖掘等技术，对审计数据进行深入的分析，发现潜在的问题和风险；新兴审计技术的了解主要是指如何关注和掌握新的审计技术和方法，如人工智能、大数据、区块链等在审计中的应用。通过这样的技术培训，可以使审计人员熟悉并掌握信息技术，提高他们的审计能力，为高校审计信息化建设提供人才支持。

（二）优化审计工作流程

在审计工作中，工作流程的优化是提高审计效率的重要途径。因为一个科学、合理的审计工作流程，不仅可以提高审计的效率，还可以提高审计的质量，避免审计过程中的错误和遗漏。

人才强审战略可以引导高校审计人员主动思考如何利用信息技术优化审计工作流程，提高审计效率，使审计更加科学、精确和高效。

在这个过程中，审计人员会对现有的审计工作流程进行深入地理解和分析，发现其中的问题和不足。他们需要将探索如何利用信息技术，解决这些问题，优化审计工作流程。例如，审计人员可以利用审计软件来自动化一些烦琐的审计任务，如数据收集、数据整理等，从而节省时间，提高效率；也可以利用数据分析工具，对审计数据进行深入地分析，发现潜在的问题和风险，从而提高审计的质量。

此外，审计人员还会根据信息技术的发展和变化，不断调整和优化审计工作流程。因为信息技术是不断发展和变化的，新的技术和方法不断出现，所以审计人员必然要及时掌握和应用这些新的技术和方法，并将其融入审计工作流程中，使审计工作流程更加科学、精确和高效。

实施人才强审战略，不仅可以提升审计人员的信息技术能力，还可以优化审计工作流程。这两者相辅相成，相互促进，共同推动审计信息化的建设。审计人员的信息技术能力的提升，可以使他们更好地利用信息技术，优化审计工作流程；而审计工作流程的优化，又可以提高审计的效率和质量，从而进一步提升审计人员的工作能力。

(三)推动审计技术创新

人才强审战略鼓励审计人员积极探索和尝试新的审计技术和方法,推动审计技术的创新发展,为审计信息化建设提供技术支持。

在当前的信息化时代,新的审计技术和方法层出不穷。这些技术和方法对审计工作产生了深远影响,不仅改变了审计工作的方式,还提高了审计工作的效率和精度。

在实施人才强审战略的过程中,高校审计人员将紧跟时代步伐,积极探索和尝试新的审计技术和方法,推动审计技术的创新发展。一方面,可以通过引进新的审计技术,培训审计人员掌握这些技术。另一方面,也可以鼓励审计人员自主研发新的审计技术和方法,以适应审计工作的需求。通过这样的方式,不仅可以提高审计工作的效率和质量,还可以使审计工作更加适应信息化时代的需求,为审计信息化建设提供技术支持。

(四)提升审计数据处理能力

审计信息化建设需要处理大量的审计数据,在人才强审的战略要求下,高校审计人员被倒逼必须提升自身的数据处理能力,以便为审计信息化建设提供数据支持。

于是,在审计信息化建设过程中,高校可以通过培训和实践提升审计人员的数据处理能力。例如,定期组织数据分析的培训,教授审计人员如何使用数据分析工具,如何分析和解读数据;可以设置数据分析的实践项目,让审计人员在实践中提高数据处理能力。此外,还可以通过各种方式,如激励机制、竞赛机制等,鼓励审计人员提高数据处理能力。

(五)加强审计信息安全

在审计信息化建设过程中,审计信息安全是一个关键因素。实施人才强审战略时,高校可以通过培养审计人员的信息安全意识和技能,以加强审计信息安全管理。

信息安全不仅涉及审计数据的保密性、完整性和可用性,也关乎审计工作的公正性和公信力。因此,在审计信息化建设中,高校审计人员需要具备识别、预防和应对各种信息安全威胁的能力,以确保审计信息的安全。同时,高校审计机构也需要定期进行信息安全检查,确保审计信息系统的安全性;也可以定期进行信息安全演练，提高审计人员应对信息安全事件的能力。通过这些方式，高校审计机构可以在审计信息化建设过程中，培养审计人员的信息安全意识和技能，有效地保护审计信息的安全。

（六）提升审计决策水平

审计工作本质上是一种决策过程，审计人员需要根据审计数据和信息，做出合理的审计决策。因此，审计人员需要具备较高的决策水平，才能有效利用信息技术提升审计质量和效率。

高校审计信息化建设需要审计人员具有较高的决策水平，才能有效利用信息技术提升审计质量和效率。实施人才强审战略，可以通过培训和实践提升审计人员的决策水平，为审计信息化建设提供决策支持。

例如，高校可以定期进行决策理论和方法的培训，提高审计人员的决策理论知识；定期开展决策实践的培训，提高审计人员的决策实践能力；也可以定期进行决策模拟的培训，提高审计人员的决策模拟能力。通过这些方式，高校审计机构可以在审计信息化建设过程中，有效地提升审计人员的决策水平，从而为审计信息化建设提供决策支持。

三、高校实施人才强审战略的重点

高校实施人才强审战略重点需要从以下五个方面展开相关工作，如图 4-6 所示。

01 科学选人用人

02 充实高校审计人才储备

03 优化高校审计人才结构

04 "以审代训"提高审计业务能力

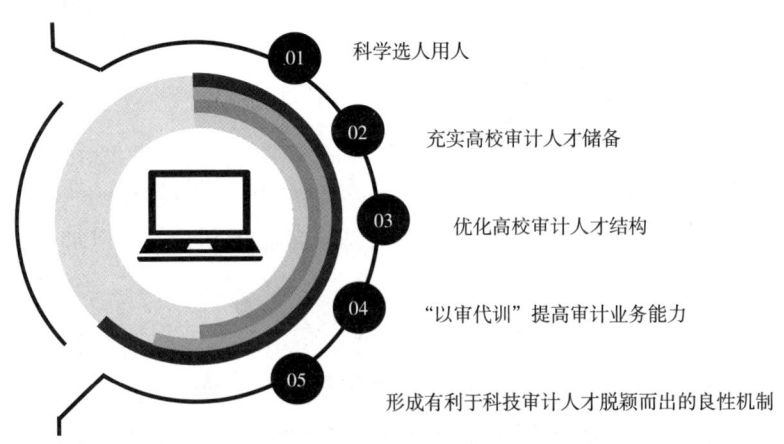

05 形成有利于科技审计人才脱颖而出的良性机制

图 4-6　高校实施人才强审战略的重点

（一）科学选人用人

在实施人才强审战略中，科学选人用人是关键的一环。对于高校来说，实施科学选人用人策略，意味着要以事业为先，人岗相适，选拔政治素质过硬、审计实绩突出的优秀干部，确保他们能够忠诚、干净、担当、尽责地履行审计职责。这不仅关乎审计工作的效率和质量，也关乎审计工作的公正性和公信力。

1. 以事业为先

科学选人用人要求高校以事业为先。这意味着高校在选拔审计人员时，不仅要看他们的个人素质和能力，还要看他们对审计事业的热情和投入。高校要选拔那些愿意为审计事业奉献自己的时间和精力，愿意为提升审计质量和效率做出努力的人。这样的人才，才能在面对复杂的审计任务和挑战时，保持高昂的工作热情，积极寻求解决方案，推动审计工作的进步。

2. 坚持人岗相适的原则

科学选人用人要求高校坚持人岗相适的原则。这意味着高校在选拔审计人员时，要考虑他们的能力和特长是否适合他们担任的职务。高校要根据不同的职务需求，选用不同的人才。例如，对于需要处理大量数据和信息的审计职务，高校应该选拔那些具有较强数据处理和信息分析能力的人才；对于需要面对公众和媒体的审计职务，高校应该选拔那些具有较强公关和沟通能力的人才。这样的人选，才能发挥他们的专长，提升审计工作的效率和质量。

3. 以素质和成绩为准

科学选人用人策略要求高校选拔政治素质过硬、审计实绩突出的优秀干部。这意味着高校在选拔审计人员时，要考虑他们的政治素质和审计实绩。高校要选拔那些坚持党的领导，坚持人民主义，坚持社会主义核心价值观的人才；选拔在审计工作中有出色表现，有丰富经验，有明显成效的人才。

4. 确保忠诚与尽责

科学选人用人策略要求高校确保审计人员能够忠诚、尽责地履行审计职责。高校在选拔审计人员时，要考虑他们的职业道德和职业素养，选拔那些忠诚于审计事业，坚守审计职业道德，担当社会责任，尽责履行审计职务的人才。

5.建立健全的人才选拔和分配机制

科学选人用人策略的实施,需要高校建立健全的人才选拔和分配机制。例如,可以建立公开、公平的人才选拔制度,确保人才选拔的透明性和公正性;建立全面、客观的人才评价制度,确保人才分配有效性和效率性;建立灵活、开放的人才流动制度,确保人才的合理配置和有效利用。

(二)充实高校审计人才储备

在高校实施人才强审战略的过程中,充实审计人才储备是一项至关重要的任务。在这个过程中,高校需要关注几个关键的方面:招录新的审计专业人员,鼓励审计人员自我提升,以及建立审计后备人才库。

1.招录新的审计专业人员

招录新的审计专业人员,为审计队伍补充"新鲜血液",是充实高校审计人才储备的重要手段。新的审计专业人员不仅能为高校审计队伍带来新的视角和思维方式,也能通过其最新的知识和技能,提高审计队伍的整体技术水平。在招录新的审计专业人员时,高校需要注意选择那些具有较强专业技能、良好职业素养和创新能力的人才,以保证他们能够快速适应审计工作,并在实践中不断提升审计队伍的整体能力。

2.鼓励审计人员自我提升

鼓励审计人员自我提升,是提高审计人才质量和能力的重要途径。高校应该通过各种方式,如提供专业培训、设立奖励机制等,鼓励审计人员不断提升自己的专业知识和技能,提高自己的工作效率和质量。同时,高校还应该鼓励审计人员树立良好的职业道德,以保证他们在面对复杂的审计任务和挑战时,能够坚守职业道德,保证审计工作的公正性和公信力。

3.建立审计后备人才库

高校应该建立审计后备人才库,有计划地培养一批熟练掌握审计业务,一专多能的复合型人才队伍,以保证在面对未来的审计挑战和变革时,高校有足够的人才储备,能够快速适应和应对。

(三)优化高校审计人才结构

高校实施人才强审战略,优化审计人才结构是关键的一步。高校需要重视培养和储备年轻审计人才,通过"传帮带"的方式,提升年轻人的审计技能和经验，同时要鼓励老一辈审计人员分享他们的知识和经验，从而帮助新一代审计人员更快地适应审计工作的需求。

1. 实施"导师制"培养计划

"导师制"培养计划是一种有效的方式来提升年轻审计人员的专业技能和经验。通过"以老带新，新老搭配"的原则，让年轻人在实践中学习和提高，同时让老一辈的审计人员有机会分享他们的知识和经验。这样的培养计划不仅能提高年轻人的审计技能和经验，也能让他们了解审计工作的实际情况和挑战，为他们的未来职业发展打下坚实基础。

2. 加强审计干部梯队建设

加强审计干部梯队建设，积极培养选拔"90后""00后"人才，构建合理的人才培养梯次，是优化高校审计人才结构的重要措施。通过梯队建设，高校可以有针对性地提升各个年龄层审计人员的专业技能和经验，从而保证审计队伍的整体质量和效能。同时，通过选拔"90后""00后"的年轻人才，高校也能注入新的活力和创新思维到审计队伍中，推动审计工作的不断进步和发展。

3. 鼓励业务骨干分享审计思路和经验方法

高校要鼓励业务骨干分享审计思路和经验方法，帮助年轻干部解决审计工作中的疑点、难点，这是另一个重要的措施来优化审计人才结构。通过分享审计思路和经验方法，高校不仅能提升年轻人的审计技能和经验，也能帮助他们更好地理解和掌握审计的本质和要求，从而使他们能够更好地适应和应对审计工作的挑战。

（四）"以审代训"提高审计业务能力

在高校实施人才强审战略的过程中，"以审代训"策略在提高高校审计人员业务能力方面发挥着重要的作用。这种策略不仅提供了实战经验的学习平台，也为审计人员提供了深入理解和掌握审计业务的机会。

（1）通过积极选派审计人员参与上级审计机关实施的审计项目，高校审计人员可以直接参与到实际审计工作中，亲身体验审计的全过程，从而对审计业务有更深入的理解和把握。同时，他们也可以在项目中积累审计经验，提升审计业务能力、综合分析能力、政策研究能力和案件查处能力。

（2）高校要推荐审计人员参加巡视巡察工作，这不仅是一种专业技能的提升，更是一种综合素质的培养。在巡视巡察中，审计人员需要面对各种复杂的情况，这就需要他们具有良好的判断力、决策力和处理问题的能力。这些都是审计人员在工作中必须具备的素质，也是通过"以审代训"策略可以培养出来的。

（3）高校也需要引导审计人员在外出审计、巡视巡察中边工作、边学习、边总结、边提高，通过实战经验的积累，不断提升自己的审计业务能力。这种在实践中学习和提高的方法，可以让审计人员更直接地了解审计业务，更深入地理解审计的真谛，从而提高他们的审计业务能力。

（4）"持续学习"策略是培养审计复合型人才的重要手段。通过理论业务知识培训、专家授课、集中整训等方式，高校可以加大培训力度，拓展审计人员的知识结构，有针对性地增加大数据审计、自然资源资产环境审计、企业审计等专业知识的培训。同时，高校还应鼓励审计人员参加审计、会计等多种职业技能考试，提升他们的一专多能，积极培养复合型人才。

（五）形成有利于科技审计人才脱颖而出的良性机制

在高校实施人才强审战略的过程中，形成有利于科技审计人才脱颖而出的良性机制是一个重要的战略焦点。随着科技的飞速发展，审计工作不仅需要对财务数据的精确理解，更需要对科技进展、专门技术和行业动态有深入的了解。因此，培养和吸引科技审计人才，以及为他们提供良好的发展环境和机会，对于提升审计工作的质量和效率至关重要。

（1）高校需要培养一批熟悉最新科技前沿的专家队伍，打造审计领域的科学家团队。这样的团队不仅需要具备强大的科技知识储备，还需要有足够的创新能力和前瞻性思维。高校可以通过加大对优秀青年科技人才的发现、培养和资助力度，构建梯队合理的科技人才结构，建立科技领域外部专家库，丰富前沿领域科技知识和人才储备，来实现这一目标。

（2）高校需要提高全体审计人员熟悉和运用相关业务范围内专门技术的能力。审计工作涉及的领域广泛，审计人员需要了解财经、农业、资源开发利用、生态环保、工程、能源、生物、交通等各领域技术进步，了解相关行业技术发展现状及未来趋势，熟悉特定技术应用可能带来的风险隐患，对审计对象所在领域的科技发展情况有全面客观清醒认识。这就需要高校在人才培养和选拔上，既注重审计专业知识，又重视行业专门知识。

（3）高校需要加强对先进技术方法使用的培训力度。对各类人员进行不同类型和不同层次的技术培训，将科技教育作为审计人员培训的重要内容，通过"审计大讲堂"等渠道传播大数据、新一代信息技术、清洁能源、污染防治等领域的科学知识，扩大科普信息覆盖面，整体提升审计人员科学素养。

第四节　以制度强审战略保障高校审计信息化建设

一、制度强审战略

制度强审战略，其实是审计工作中的一种重要战略理念。其核心思想在于通过建立健全、全面的审计制度体系，来提升审计工作的质量和效率，实现对审计对象的全面、深入、精细审计。制度强审战略使高校认识到审计工作不仅依赖于审计人员的专业技能和经验，而且更依赖于科学、完备的审计制度体系。

制度强审战略强调制度在审计工作中的基础性、导向性作用。在这个战略中，制度被视为指导审计工作的"航标"，为审计人员提供了明确的工作流程、标准和要求，使审计工作具有规范性和一致性。一套完善的审计制度体系，应该包括审计规划、审计实施、审计报告、审计反馈等各个环节的规定，以及审计人员的选拔、培训、考核、激励等人事制度。

制度强审战略重视制度的科学性和实效性。其思想倡导的不是僵化的、形式化的制度，而是科学的、符合审计实践的制度。制度的科学性体现在其能够准确反映审计工作的实际情况，能够解决审计工作中的实际问题。制度的实效性体现在其能够对审计工作产生积极的推动作用，能够提升审计工作的效率和质量。

制度强审战略强调制度的动态性和开放性。随着社会经济的发展和科技的进步，审计工作的内容和方法也在不断发展和变化，这就要求审计制度也要具有动态性和开放性，能够及时反映和适应审计工作的新变化、新需求。因此，制度强审战略并不是一成不变地坚持旧有制度，而是主张通过制度创新，不断完善和发展审计制度。

总的来说，制度强审战略是一种以制度为核心，以提高审计工作质量和效率为目标的审计战略，体现了对制度在审计工作中重要作用的深刻理解，也体现了对审计工作持续发展和完善的坚定追求。

二、制度强审战略对高校审计信息化建设的保障作用

制度强审战略对高校审计信息化建设的保障作用体现在以下五个方面，如图4-7所示。

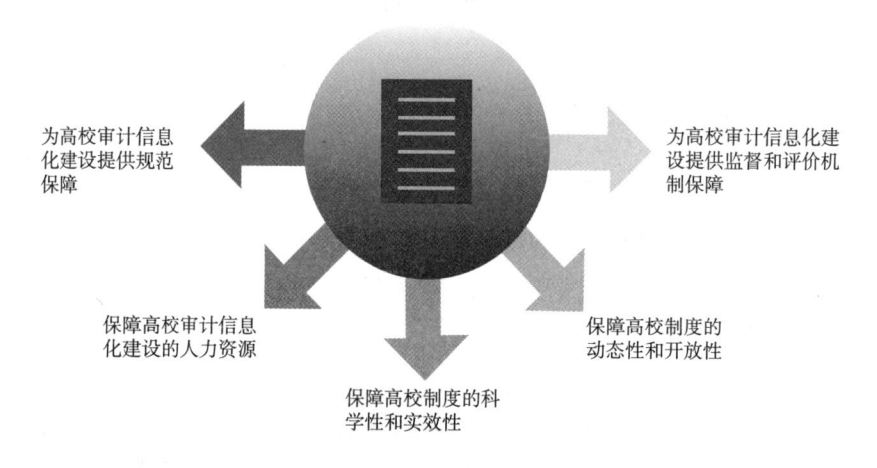

图4-7 制度强审战略对高校审计信息化建设的保障作用

（一）为高校审计信息化建设提供规范保障

制度是高校审计工作的"航标"，是审计信息化建设的基础。在审计信息化建设过程中，高校需要对信息系统的开发、运营、维护、升级等各个环节进行规范，这就需要一套科学、完备的制度体系。

制度强审战略为高校审计信息化建设提供了全方位的规范保障。从审计信息系统的开发、运营、维护、升级，到审计数据的管理，再到审计工作的人员培训、协作与沟通、监督与评估，制度强审战略确保了高校审计信息化建设的规范性和一致性。通过制度的引导和保障，高校审计信息化建设能够更好地服务于审计工作，提高审计工作的效率和质量，为高校的健康、可持续发展提供有力支持。

在审计信息系统的开发领域，制定明确的开发流程和标准，可以确保高

校审计信息系统功能完备、性能稳定,满足审计工作的实际需求。同时,强化审计信息系统开发人员的职责和使命感,使他们按照既定的规范开展工作,减少系统开发过程中可能出现的漏洞和缺陷,提升审计信息系统的安全性和可靠性。

在审计信息系统的运营领域,通过建立运营管理制度,对审计信息系统的使用和管理进行规范,确保高校审计信息系统运行稳定、高效。高校运营管理制度还需关注审计信息系统使用过程中的信息安全问题,通过信息安全制度规定如何保护审计信息的安全,如何应对信息安全事件,确保审计工作的顺利进行。

在审计信息系统的维护和升级领域,通过建立维护和升级制度,可以确保审计信息系统及时修复漏洞、更新版本,满足高校审计工作不断发展的需求。维护和升级制度还需关注审计信息系统持续优化改进,提升审计信息系统的性能,为审计工作提供更强大的技术支持。

在审计数据管理领域,制度强审战略对审计数据的管理提供规范保障。通过建立数据管理制度,规定如何收集、存储、处理、分享审计数据,确保审计数据的质量和有效性。数据管理制度还需关注审计数据的安全性和保密性,防止审计数据泄露、篡改,维护审计工作的公正性和公信力。

在审计工作的人员培训领域,制度强审战略对审计工作的人员培训和素质提升提供规范保障。通过建立人员培训制度,对审计人员进行系统的培训和教育,提升审计人员的专业素质和信息化技能。人员培训制度还需关注审计人员的继续教育,鼓励审计人员不断学习和更新知识,以应对审计工作的不断发展和变化。此外,还需建立严格的考核制度,以激励审计人员积极投入审计工作,提高审计工作的效率和质量。

在审计工作的协作与沟通领域,制度强审战略还对审计工作的协作与沟通提供规范保障。通过建立协作与沟通制度,明确审计工作中各部门、各岗位的职责和权利,确保审计工作的高效协作。协作与沟通制度还需关注审计信息的共享和传递,以便各部门、各岗位之间及时掌握审计信息,提高审计工作的准确性和时效性。

在审计工作的监督与评估领域,制度强审战略对审计工作的监督与评估提供规范保障。通过建立监督与评估制度,对审计工作进行全面、客观的评价,确保审计工作的质量。监督与评估制度还需关注审计工作的持续改进,通过评估结果反馈，发现审计工作的不足之处，推动审计工作的优化和升级。

（二）保障高校审计信息化建设的人力资源

人力资源是审计信息化建设的基础和核心，只有拥有一支具备信息技术能力的专业团队，才能够推动高校审计信息化建设的顺利进行。审计信息化建设需要一支具有信息技术能力的专业团队，这就需要通过人事制度来选拔、培养、激励来留住这样的人才。制度强审战略在保障高校审计信息化建设的人力资源方面发挥着至关重要的作用，促进了人才强审战略的实施。通过明确的选拔、培训、激励和留住制度，能够为高校审计信息化建设吸引和培养一支具备信息技术能力的专业团队，为审计工作提供强大的技术支持和保障。同时，高校审计信息化建设的不断发展将为审计人员提供更广阔的发展空间和更好的发展机遇，从而实现高校审计工作与审计人员个人发展的双赢。

（1）制度强审战略通过选拔制度保障高校审计信息化建设的人才储备。选拔制度可以确保选聘到具有相关专业知识和经验的人才，为高校审计信息化建设提供专业的技术支持。选拔制度需要明确岗位职责、任职资格和选拔程序等方面的要求，确保选拔过程的公正性和公平性。此外，选拔制度还应关注人才的潜力和发展空间，选拔既具备专业能力，又具有发展潜力的人才，为审计信息化建设的长远发展提供有力保障。

（2）制度强审战略通过培训制度提升审计人员的信息技术能力。培训制度可以通过定期的培训和学习，不断提高审计人员的专业素质和信息化技能。培训制度应关注审计人员的个性化需求和发展方向，制订针对性强、实效性高的培训计划，确保培训效果的最大化。此外，培训制度还应倡导终身学习的理念，鼓励审计人员不断学习新知识、新技能，以适应审计工作的变化和发展。

（3）制度强审战略通过激励制度激发审计人员的工作积极性和创新性。激励制度可以通过奖励和认可，让审计人员在工作中感受到自己的价值和成就，从而更加热情地投入审计信息化建设中。激励制度应关注绩效和成果，建立公平、合理的评价和奖励机制，确保激励制度的有效性和可持续性。此外，激励制度还应关注审计人员的创新能力，鼓励审计人员积极探索和实践新技术、新方法，推动审计信息化建设的创新发展。

（4）制度强审战略通过留住制度为高校审计信息化建设保留优秀的审计人才。留住制度可以通过良好的工作环境、待遇以及职业发展空间，吸引和留住具备专业知识和技能的审计人才。留住制度应关注审计人员的个人发展和福利需求，营造公平、和谐、有益于个人成长的工作氛围，使审计人员能够在高校审计信息化建设中发挥最大的价值。此外，留住制度还应建立完善的职业晋升渠道，让审计人员看到自己的职业前景，从而增强对高校审计工作的忠诚度和归属感。

（三）保障高校制度的科学性和实效性

审计信息化建设是一个涉及多种技术、多个环节、多个部门的协调与合作的复杂过程，因此需要有科学、实效的制度来指导和协调。制度的科学性体现在其能够准确反映审计信息化建设的实际情况，能够解决审计信息化建设中的实际问题；制度的实效性体现在它能够对审计信息化建设产生积极的推动作用，能够提高审计信息化建设的效率和质量。

高校通过在制度设计、制度执行和制度优化三个方面着力保障制度的科学性和实效性，有助于审计信息化建设能够更加顺利、高效地推进，实现审计工作质量和效率的全面提升。

在制度设计阶段，高校应充分考虑审计信息化建设的实际需求和目标，确保制度能够准确反映审计信息化建设的实际情况。制度设计应关注各部门、各岗位的职责和协作关系，明确工作流程和标准，以便在审计信息化建设过程中为各方提供明确的指导。此外，制度设计还应关注审计信息化建设中可能出现的问题和挑战，预先设定应对措施和解决方案，以确保审计信息化建设的顺利进行。

在制度执行阶段，高校应确保制度能够解决审计信息化建设中的实际问题，对审计信息化建设产生积极的推动作用。为实现这一目标，各部门、各岗位需要严格遵循制度要求，确保审计信息化建设的各个环节得以有效协调和有序推进。同时，管理层应加强对制度执行情况的监督和检查，确保制度得到有效落实，从而提高审计信息化建设的效率和质量。

在审计信息化建设过程中，可能会出现新的问题和挑战，这就需要对现有制度进行不断地优化和完善。制度优化应基于对审计信息化建设实际情况的深入了解和分析，及时发现制度中的不足之处，提出改进措施和方案。此外，制度优化还应关注审计信息化建设的最新发展和趋势，以便及时调整和更新制度内容，使制度能够适应审计信息化建设的不断变化和发展。制度优化的科学性和实效性能够确保制度在审计信息化建设过程中始终保持高度的针对性和适用性。

（四）保障高校制度的动态性和开放性

随着信息技术的不断发展和审计工作的变化，审计信息化建设需要保持灵活性和适应性，及时更新和改进。动态性的制度能够确保审计信息化建设紧跟时代发展步伐，及时调整和优化；开放性的制度则有助于充分吸纳国内外优秀实践和经验，提升审计信息化建设的水平。因此，高校应充分认识制度强审战略的重要性，努力提高制度的动态性和开放性，为审计信息化建设的成功奠定坚实基础。在制度动态性和开放性的保障下，高校审计信息化建设将能够在技术创新、人才培养、管理优化等多个方面取得突破性进展，为审计工作的长远发展和社会公信力的提升提供有力支持。

1. 制度强审战略提高制度更新的动态性

随着信息技术的发展和审计工作的变化，审计信息化建设需要不断地调整和优化。这就要求制度具有动态性，能够及时反映和适应信息技术和审计工作的变化。例如，新兴信息技术（如大数据、人工智能、区块链等）的应用可能会对审计信息化建设提出新的要求，高校需及时修订和完善相关制度，以保证审计信息化建设的科学性和实效性。动态性的制度能够为审计信息化建设提供及时的指导和支持，使审计工作能够更好地适应技术创新和业务发展的需要。

2. 制度强审战略提高技术变革的开放性

审计信息化建设需要紧密关注新兴技术的发展趋势，积极探索利用先进技术提高审计工作的效率和质量。制度的开放性意味着能够灵活应对技术变革，借鉴和吸纳国内外最新的技术实践和应用成果。例如，高校可以参考国际上成功的审计信息化建设案例，将先进的技术和管理理念融入制度体系，提升审计信息化建设的水平。开放性的制度有助于高校审计信息化建设在技术和管理上取得突破性进展，为审计工作的长远发展奠定坚实基础。

3. 制度强审战略促进国际合作与交流的开放性

在全球化背景下，高校审计信息化建设需要与国际接轨，充分利用国际合作与交流的资源和机会。制度的开放性体现在能够借鉴和吸纳国际上的优秀实践和经验，以丰富和完善审计信息化建设的内容和方法。例如，高校可以参与国际审计组织的活动，了解国际审计标准和规范，将国际先进的审计理念和做法引入审计信息化建设制度体系。同时，高校还可以通过与国际知名高校和研究机构的合作，共同开展审计信息化建设的研究和实践，共享技术和管理经验，提升审计信息化建设的整体水平。

（五）为高校审计信息化建设提供监督和评价机制保障

制度强审战略在高校审计信息化建设中提供了重要的监督与评价机制保障。通过明确的建设标准、科学的评价指标体系、有效的监督与评价、及时的问题发现与解决以及持续的改进与优化，高校审计信息化建设将更加规范、高效、透明，为审计工作的长远发展奠定坚实基础。

（1）制定审计信息化建设标准是监督和评价机制的基础。明确的审计信息化建设标准为高校审计信息化建设提供了清晰的目标和方向，确保各项工作按照既定的规范和要求开展。制度强审战略督促高校制定合理的标准，有助于确保审计信息化建设的规范性、一致性和可持续性，为后续的监督与评价工作奠定基础。

（2）建立评价指标体系是对审计信息化建设成果的量化衡量。制度强审战略督促高校通过制定一套科学、完备的评价指标体系，对审计信息化建设的进展和效果进行有效的监督和评价。这一体系应涵盖技术应用、数据管理、人员培训、工作效率等多个方面，以全面反映审计信息化建设的实际成果。

（3）实施有效监督与评价是确保审计信息化建设质量与效果的关键环节。制度强审战略督促高校建立健全审计信息化建设的监督与评价机制，定期对项目进展、技术应用、人员能力等方面进行评估，确保审计信息化建设的顺利推进。通过对建设过程的跟踪评估，可以持续优化审计信息化建设策略，提高工作效率。

（4）及时发现与解决问题是监督与评价的主要目的。制度强审战略督促高校通过对审计信息化建设的监督与评价，发现潜在问题，有针对性地进行调整与改进。对存在的问题进行深入分析，制定切实可行的解决方案，有助于提升审计信息化建设的整体质量。

（5）持续改进与优化是监督与评价的长期价值。制度强审战略督促高校通过监督与评价，及时总结审计信息化建设的经验与教训，不断优化工作流程与制度。这有助于形成一个良性循环，使审计信息化建设不断迈向更高水平，进一步提升审计工作的质量和效率。高校应将监督与评价视为审计信息化建设的重要组成部分,将其融入各项工作中,确保审计信息化建设的持续优化和发展。

三、高校实施制度强审战略的重点

高校实施制度强审战略,有三大重点内容,如图4-8所示。

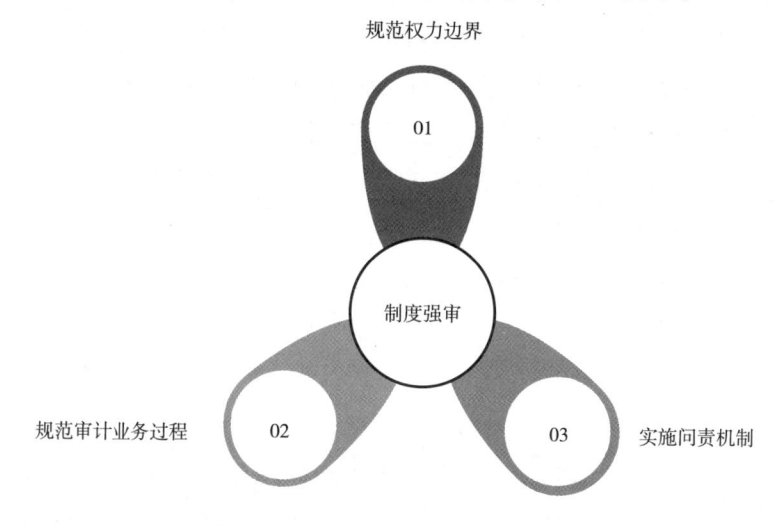

图4-8 高校实施制度强审战略的重点

(一)规范权力边界

高校实施制度强审战略的重点之一是规范权力边界,即通过建立和完善各项规章制度,将权力关进制度的笼子里,形成用制度管权、按制度办事、靠制度管人的机制。实现权力规范运行有助于提高审计工作的公信力、权威性和透明度,确保审计信息化建设的顺利推进,进而为国家的教育事业和社会发展贡献力量。

1. 明确权力边界

明确权力边界是规范权力运行的前提。高校应通过完善规章制度,明确审计工作人员在信息化建设中的职责和权限,确保审计工作人员在制度框架内行使权力。明确权力边界有助于防止权力滥用、腐败和利益输送现象,确保审计工作的公正、公开和透明。

2. 规范权力运行

规范权力运行是实施制度强审战略的关键。高校应建立健全权力运行制度，包括权力决策、权力执行和权力监督等方面，确保权力在各个环节得到有效的制约与监督。通过规范权力运行，高校能够有效防范和减少权力滥用现象，提升审计工作的公信力和权威性。

3. 加强制度监督

加强制度监督是实现规范权力运行的重要保障。高校应加强对权力运行的监督与评估，确保权力在制度规定的范围内得到合理、合法的行使。制度监督不仅包括对审计工作人员的监督，还应涵盖对审计工作成果和审计信息化建设的监督，确保各项工作按照制度要求开展。

4. 构建内部激励与约束机制

构建内部激励与约束机制是实现规范权力运行的内在动力。高校应建立健全激励与约束相结合的制度体系，通过奖励、惩罚、晋升等手段，引导审计工作人员依法依规行使权力。激励与约束机制能够激发审计人员的积极性和主动性，有助于形成良好的制度执行氛围。

5. 推动制度创新

推动制度创新是实现规范权力运行的持续动力。高校应关注国内外审计领域的最新发展和趋势，及时更新完善审计制度体系，提高制度的适应性和针对性。制度创新应注重实际效果，既要考虑国内外先进理念和做法的借鉴，也要结合高校的实际情况进行调整。通过制度创新，高校可以持续优化审计制度体系，提升审计工作的效果。

在未来的审计信息化建设过程中，高校应持续关注制度强审战略的实施情况，不断完善相关制度，优化权力运行环境。只有将权力纳入制度的约束和监督之下，才能有效遏制腐败现象，维护审计工作的公正性和公信力。

（二）规范审计业务过程

高校实施制度强审战略的重点之一是规范审计业务过程。为确保审计业务的顺利进行，高校需要建立一套完善的审计制度体系，对审计业务过程进行全方位、系统性的规范。这将有助于提高审计工作的效率、公信力和公正性，为高校的管理决策提供有力支持。同时，通过加强审计业务过程的沟通与协调、监督与评价、创新与改进、风险防控以及培训与教育，高校可以不断提高审计工作的质量和水平，为审计信息化建设提供强有力的制度保障。

1. 建立审计业务的规划与实施制度

高校应建立审计业务的规划与实施制度，确保审计工作的科学性和有效性。制度应明确审计业务的目标、范围、方法和程序，使审计工作具有可操作性。通过对审计业务进行合理的规划和实施，高校可以更好地发挥审计职能，对内部管理和资源配置提出合理建议，为高校的长远发展提供支持。

2. 建立审计业务的质量控制制度

高校需要建立审计业务的规划与实施制度，确保审计工作的准确性和可靠性。质量控制制度应涵盖审计人员的素质、审计工作程序、审计报告的编制和发布等方面。通过对审计业务过程的质量进行严格把控，高校能够确保审计结果的真实性和可信度，为高校管理决策提供有力依据。

3. 设立审计业务的沟通与协调制度

高校应设立审计业务的沟通与协调制度，以促进各部门之间的信息共享和资源整合。沟通与协调制度应明确审计工作中各部门的职责、协作原则和沟通机制，以便更好地开展跨部门的审计协作。通过有效的沟通与协调，高校可以提高审计工作的效率，确保审计信息的准确传递。

4. 建立审计业务的监督与评价制度

高校应建立审计业务的监督与评价制度，对审计工作进行有效的监管。监督与评价制度应包括审计工作的监督机制、审计结果的评价标准和审计人员的考核机制等。通过对审计业务过程的监督和评价，高校可以发现并解决审计过程中的问题，不断提高审计工作的质量。

5. 注重审计业务的创新与改进

高校应注重审计业务的创新与改进，建立审计业务的持续优化制度。持续优化制度应关注审计工作的实践与发展，不断完善审计方法和技术。通过对审计业务过程的持续优化，高校可以适应信息化时代的发展需求，提高高校审计工作的新趋势和挑战，以实现审计业务的持续改进和发展。

6. 建立审计业务的风险防控制度

高校应建立审计业务的风险防控制度，以确保审计工作的安全和稳定。风险防控制度应涵盖审计过程中可能出现的各类风险，如信息安全风险、人员风险、法律风险等，并制定相应的应对措施。通过有效的风险防控，高校可以降低审计业务过程中的潜在风险，保障审计工作的顺利进行。

7.加强审计业务的培训与教育制度

高校应加强审计业务的培训与教育制度，提高审计人员的专业素质和业务能力。培训与教育制度应涵盖审计业务知识、审计技术和审计伦理等方面的培训内容，以满足审计人员在不同层次和领域的需求。通过对审计人员进行持续的培训和教育，高校可以提高审计工作的整体水平，为审计业务的规范化和专业化提供人才保障。

（三）实施问责机制

问责机制作为一种重要的制度安排，能够有效地推动高校审计工作的规范化、制度化和程序化。通过建立健全问责机制，高校可以对违规违纪行为进行有效制约，促进审计工作的公正和公信。同时，通过实施问责机制，高校可以促进审计资源的合理配置和利用。高校应不断创新和完善问责机制，以适应审计工作的发展需求，为高校的长远发展和管理决策提供坚实保障。具体的实施要点包括以下方面。

1.明确原则

高校首先应明确问责机制的基本原则，包括依法依规、公正透明、实事求是和容错纠错等原则。这些原则有助于确保问责机制的合理性和有效性，为审计工作的正常运行提供支持。通过遵循这些原则，高校可以在问责过程中防止错案、漏案和乱案的发生，确保问责工作的公正性和公信力。

2.建立问责制度

高校接下来需要建立完善的问责制度，对问责的范围、对象、程序和标准进行明确规定。问责制度应涵盖审计人员、被审计单位以及相关责任主体，确保问责工作的全面性和系统性。通过制定和实施严格的问责制度，高校可以对审计工作中的违规行为进行有效约束，确保审计资源的合理配置和利用。

3.建立问责执行机制

高校应建立问责的执行机制，以保证问责工作的顺利进行。问责执行机制应明确问责的组织和实施主体，确保问责工作的权威性和可操作性。通过设立专门的问责执行机构,高校可以加强对问责工作的组织和协调,提高问责工作的实施效果。

4. 建立问责监督机制

高校需要建立问责的监督机制,对问责工作进行有效监管。监督机制应涵盖问责过程的监督、问责结果的公示和问责追溯等方面,确保问责工作的透明度和公开性。通过建立健全的监督机制,高校可以对问责工作进行全程监控,发现并纠正问责中的问题和不足。

5. 问责机制创新与改进

在实施过程中,高校还应注重问责机制的创新与改进,以适应审计工作的发展需求。问责机制的创新与改进应关注问责方法的优化、问责标准的更新和问责机制的完善等方面。通过对问责机制的不断创新和改进,高校可以提升问责工作的针对性和实效性,更好地发挥问责机制的作用。例如,高校可以探索运用现代信息技术手段,如大数据分析、人工智能等,对审计工作进行实时监测和预警,从而及时发现潜在的违规行为,并采取相应的问责措施。

6. 强调人文关怀

在实施问责机制的过程中,高校应重视人文关怀,避免问责过程中的不当行为。在问责过程中,高校应尊重被问责人员的合法权益,保护其隐私,避免对其进行不必要的打压和伤害。通过关注人文关怀,高校可以充分调动审计工作人员的积极性和主动性,促进问责工作的顺利进行。

7. 完善问责反馈

在问责的最后,高校应完善问责反馈,从问责过程中总结经验教训,以期改进和完善审计工作,形成一个闭环。问责机制不仅是一种对违规行为的惩戒和制约手段,也是一种审计工作的改进和发展机制。通过对问责过程的深入分析和研究,高校可以找出审计工作中的问题和不足,从而采取针对性的改进措施,提高审计工作的整体水平。

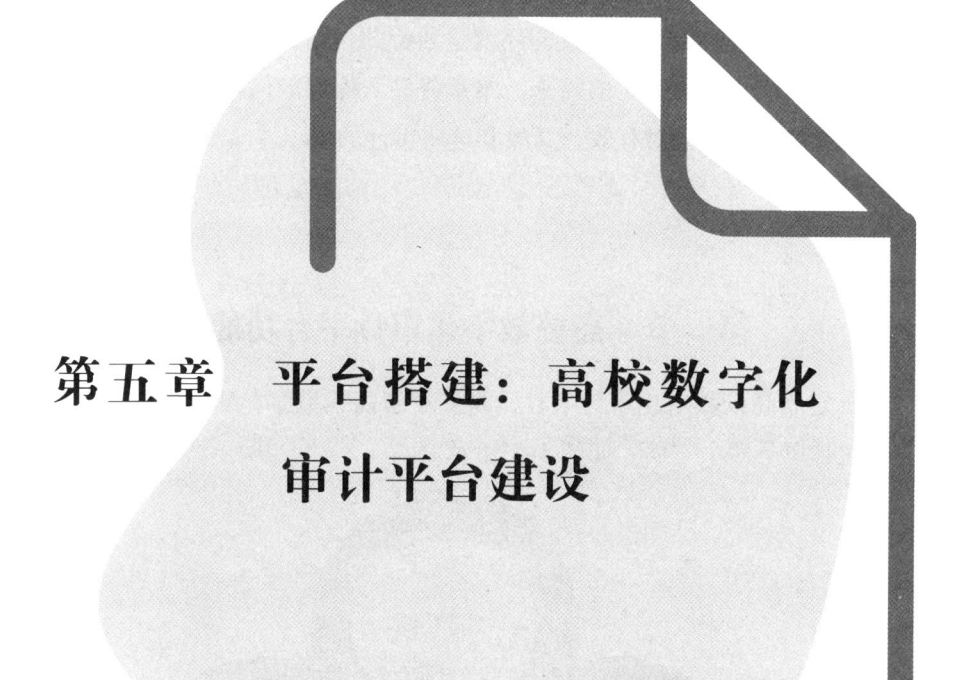

第五章 平台搭建：高校数字化审计平台建设

在当今数字化快速发展的时代，高校作为教育的重要基地，也必须跟上时代的步伐，适应并引领这场革命。高校经常涉及大量的财务和行政操作，这些操作的透明度和效率是决定其内部管理质量的重要因素。高校数字化审计平台的建设，就成为一种创新性的解决方案，以应对这种需求。数字化审计平台不仅可以提高审计效率，而且能够增加审计的准确性和透明度，从而为高校的治理提供强有力的支持。然而，建设一个有效的数字化审计平台并不是一件容易的事，需要深入理解高校的运作模式和审计需求，以及如何将这些需求转化为实际的技术解决方案。高校的环境是独特的，因此，数字化审计平台必须特别定制，以满足这些特定的需求。本章将深入探讨如何构建高校数字化审计平台，以满足现代高校对有效、高效和透明审计的需求。

第一节　高校数字化审计平台功能需求

要定制高校数字化审计平台，先要了解高校数字化审计平台的功能需求，主要包括以下四个方面，如图 5-1 所示。

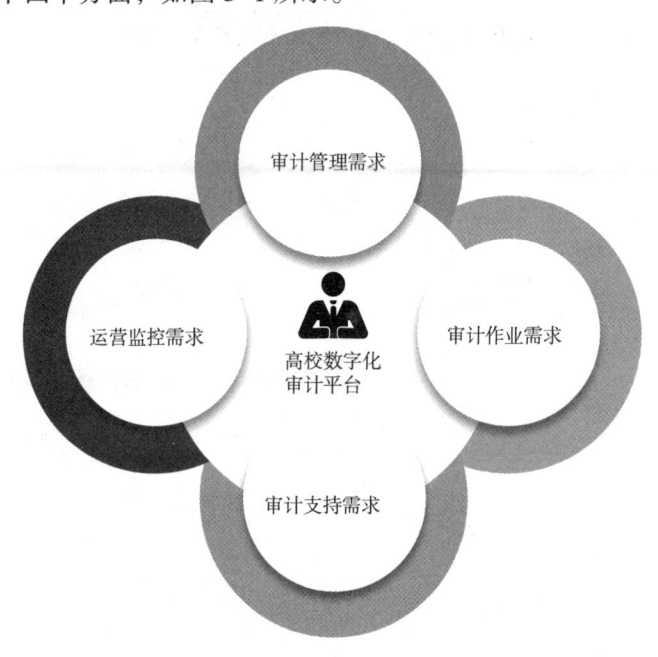

图 5-1　高校数字化审计平台功能需求

一、审计管理需求

高校数字化审计平台的审计管理需求是多方面的，涵盖从审计计划制订到审计问题整改的全过程，通过实现这些功能需求，高校审计工作将变得更加高效、精确和透明。对高校来说，数字化审计平台不仅可以提高审计工作的质量，还能为业务流程优化和管理决策提供有力支持。具体来说，高校数字化审计平台应具备以下功能。

（一）审计计划与项目管理功能

数字化审计平台理应能够帮助高校审计人员制订全面、合理的审计计划，确保审计工作的开展能够符合预定目标，遵循审计法规和标准。平台应支持审计人员对各个审计项目进行有效跟踪和管理，提供项目监控和报告功能，以便及时了解项目的实际进度，为项目实施提供数据支持。此外，平台还需要具备对审计项目进行风险评估、资源分配、进度监控和绩效评估的能力，确保审计工作的顺利开展，高效完成。

（二）审计工作协同功能

为了提高高校审计工作的效率和质量，数字化审计平台需要支持审计人员之间的实时沟通和协作，提供各种在线协作工具，如文件共享、在线讨论和审批流程等。这有助于审计机构成员之间的信息共享，减少沟通成本，提高审计工作效率。数字化审计平台还需提供审计知识库，帮助高校审计人员快速获取和更新相关法规、审计标准、案例和经验，以便在审计实践中取得更好的效果。通过不断积累和分享审计知识和经验，高校审计机构团队可以提高自身的业务素质和专业能力。

（三）审计报告相关功能

数字化审计平台需支持审计报告的生成、存储和检索，提供审计报告模板，并支持自定义报告格式和内容。这有助于高校审计人员根据实际需求快速生成高质量的审计报告，提高审计报告的准确性和可读性。同时，平台需要具备安全可靠的报告存储和检索功能，方便高校审计人员随时查阅和分析审计报告，为高校管理决策提供有力依据。通过对审计报告的存档和检索，审计团队可以实时了解过往审计项目的成果，为未来审计工作提供参考和借鉴。

（四）审计问题跟踪和整改管理功能

数字化审计平台需要能够实时记录高校审计发现的问题，并监控被审计对象的整改进展，确保问题得到及时、有效的解决。为此，平台需要提供问题跟踪和整改管理工具，使高校审计人员能够轻松地管理和监督整改过程。同时，平台还应支持对整改过程进行评估，以确保整改措施的质量和效果。通过这一功能，高校审计团队可以对被审计对象的整改情况进行全面了解，及时发现整改中可能存在的问题，并采取相应措施解决问题，确保审计结果的真实性和有效性。

二、审计作业需求

高校数字化审计平台的审计作业需求涵盖了从审计准备到整改阶段的各个环节，旨在帮助审计人员提高工作效率，确保审计质量和全过程的可追溯性。通过实现各种审计类型的在线完成，有助于促进高校审计工作的标准化、规范化和信息化发展。具体来说，平台应具备以下关键功能。

（一）在线审计准备与调查功能

高校数字化审计平台应支持在线审计准备与调查功能。这一阶段，高校审计人员需要收集和整理大量相关信息，以便深入了解被审计对象的业务、组织结构和内部控制等。数字化审计平台应提供一个集成的数据收集、存储和管理系统，方便审计人员获取、整理和分析数据。此外，平台还应支持多种数据来源的接入，包括内部数据、外部数据和第三方数据，确保高校审计人员能够全面掌握被审计对象的情况。

（二）在线审计实施功能

高校数字化审计平台需要支持在线审计实施过程。高校审计人员需要对收集到的数据进行详细分析，以发现可能存在的问题和风险。数字化审计平台应提供一套完整的审计分析工具，包括数据挖掘、关联分析、风险评估等，帮助高校审计人员从海量数据中挖掘出有价值的信息。此外，平台还应支持实时监控和预警功能，及时发现潜在风险，以便审计人员采取措施解决问题。

（三）在线审计报告

审计报告是审计工作的重要成果，对审计发现的问题和整改建议进行详细、准确、清晰的阐述。高校数字化审计平台应支持自动化审计报告生成,以降低审计人员的工作负担,提高报告编制的效率。同时,平台还应提供丰富的数据可视化工具,如图表、仪表盘等,帮助高校审计人员能直观地呈现审计数据和分析结果,提升审计报告的可读性和易理解性。通过可视化功能,高校审计人员可以更好地为高校管理层提供科学、客观的决策依据。

三、审计支持需求

高校数字化审计平台应充分考虑审计支持需求,为审计人员提供丰富的知识资源、沟通工具和其他辅助功能,涵盖知识库建设、知识管理、会议资料管理和实时沟通等方面。通过满足这些需求,数字化审计平台可以为高校审计人员提供全方位的支持,提高审计工作的质量、效率和成果。具体包括以下几方面的支持。

(一)知识库

高校数字化审计平台需要建立完善的知识库,为审计人员提供在线法律法规、企业规章制度、审计程序等信息。通过知识库的构建,高校审计人员可以快速获取相关法规政策和业务知识,提高审计工作的准确性和合规性。同时,知识库还可以包括常见问题、业务案例、历史工作底稿等实用信息,帮助审计人员更好地了解审计业务和行业动态,提升审计能力。

(二)知识管理工具

审计支持需求中,知识收集、沉淀、分享和学习的效率至关重要。高校数字化审计平台可以为审计人员提供方便快捷的知识管理工具,实现知识的快速获取、整理和应用。通过知识管理功能,审计人员可以更高效地利用专业知识,提高审计工作的质量和效率。

(三)重要会议资料的存储和管理

重要会议资料的存储和管理也是审计支持需求的一部分。高校数字化审计平台应提供方便的会议资料存储和检索功能,帮助审计人员快速获取会议内容,为审计工作提供参考依据。同时,会议资料的管理可以为审计人员提供与会议相关的沟通和交流平台,促进审计团队的协同工作。

（四）在线即时通信工具

为实现"沟通零距离"，高校数字化审计平台还需要提供在线即时通信工具。通过即时通信工具，高校审计人员可以与内部其他机构和外部合作单位进行实时沟通，提高审计工作的协同效率。实时沟通平台有助于高校审计人员在审计过程中解决问题、交流经验和分享信息，提升审计团队的整体实力。

四、运营监控需求

高校数字化审计平台的功能需求之一是运营监控需求，旨在高校数字化审计平台的运营监控需求是多方面且紧密相连的，涉及监控指标设置、监控对象管理、监控方案管理、实时监控预警、监控过程沟通、项目疑点管理和运营决策中心等方面。通过这些功能模块的综合运用，审计人员可以更加有效地发现管理过程中的异常情况，为高校运营的持续优化提供数据支持。

（一）监控指标设置功能

监控指标设置是实现有效运营监控的关键。高校数字化审计平台应提供灵活的监控指标设置功能，以便审计人员根据实际需求制定合适的监控指标。这些指标可以涵盖财务、项目、人力资源等多个方面，为审计人员全面了解高校运营状况提供有力支持。

（二）监控对象管理功能

监控对象管理也是运营监控需求的重要组成部分。高校数字化审计平台应具备对各类监控对象进行分类、归档、跟踪等管理功能，确保监控工作的针对性和有效性。通过对监控对象的精细化管理，审计人员可以更好地发现潜在问题，为高校运营的持续优化提供数据支持。

（三）监控方案管理功能

监控方案管理功能可以帮助审计人员针对不同的监控对象和监控指标制定具体的监控方案。高校数字化审计平台应提供方便的监控方案管理工具，支持审计人员根据实际情况调整监控策略，提高监控工作的灵活性和实效性。

（四）实时监控预警功能

实时监控预警功能在运营监控需求中具有关键作用。高校数字化审计平台应具备实时监控预警功能，对异常情况进行实时报警，为审计人员提供及时的问题发现和处理机会。实时监控预警有助于降低运营风险，确保高校运营的稳定和持续发展。

（五）监控过程沟通功能

监控过程沟通功能可以为高校审计人员在监控过程中提供便捷的沟通渠道。通过在线沟通工具，审计人员可以就监控过程中出现的问题进行及时沟通、协商和解决，提高监控工作的协同效率。

（六）项目疑点管理功能

项目疑点管理功能可以帮助审计人员针对监控过程中出现的疑点进行详细的分析和记录。高校数字化审计平台应提供方便的项目疑点管理工具，支持审计人员对疑点进行追踪、分析和处理，确保监控工作的高质量完成。

（七）运营决策中心功能

运营决策中心功能可以为高校管理层提供全面、准确的运营数据和分析报告，以支持高效、科学的决策。数字化审计平台应具备运营决策中心功能，整合各类监控数据，生成直观、易懂的报告和图表，使高校领导能够迅速掌握运营状况，为优化管理措施和战略方向提供有力依据。

第二节　高校数字化审计平台系统框架

一、高校数字化审计平台系统设计思路

高校数字化审计平台的系统设计思路，应围绕"五统一"的目标，整合审计资源，优化工作流程，形成内联外协、上下贯通的工作格局。为实现这一目标，平台设计应坚持"统一领导，统筹协调；协同配合，一体发展；服务为本，增值高效"的原则，遵循"系统性、整体性、协同性、技术性"的要求，充分考虑高校的特点和实际需求，确保审计工作的科学化、规范化和现代化，如图5-2所示。

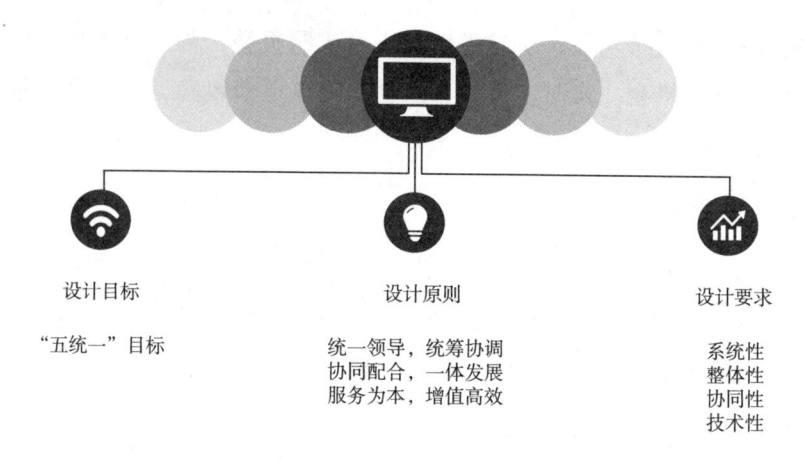

图 5-2　高校数字化审计平台系统设计思路

设计目标
"五统一"目标

设计原则
统一领导，统筹协调
协同配合，一体发展
服务为本，增值高效

设计要求
系统性
整体性
协同性
技术性

（一）高校数字化审计平台系统设计目标

"五统一"目标是高校数字化审计平台设计中的核心目标，旨在构建一个统一、高效、协同的审计工作体系，为审计人员提供全面、实时的信息支持，提升审计工作的质量和效率。具体来说，"五统一"目标包括以下五个方面。

1. 统一规划

对于高校数字化审计平台的发展，应进行全面、长远的规划，充分考虑高校审计工作的特点和需求，确保平台建设和发展的科学性、系统性和可持续性。统一规划要求各部门、各层级之间加强沟通和协作，形成有效的工作协同机制，以提高审计工作的整体效果。

2. 统一标准

为确保审计工作的规范性和一致性，高校数字化审计平台需建立统一的审计标准和工作流程。这包括制定一致的审计方法、审计程序、报告格式等，以便于各部门、各层级之间的协同工作，确保审计成果的准确性和有效性。

3. 统一资源

在数字化审计平台的建设过程中，高校应对各类审计资源进行整合，包括法律法规、企业规章制度、审计程序、业务案例、历史工作底稿等。通过建立一个完善、高效的知识库，实现资源共享，有助于提高审计人员的业务水平和工作效率，确保审计工作的高质量发展。

4.统一数据

高校数字化审计平台应实现审计数据的统一管理和分析,包括数据采集、存储、处理、分析等各个环节。通过运用大数据、人工智能等先进技术,平台可以为审计人员提供更加精准、全面的信息支持,助力审计工作的高效进行。

5.统一监管

为提高审计工作的质量和效率,高校数字化审计平台需建立统一的监管体系,包括制定完善的监管政策、建立健全的监管机制、实施有效的监管措施等。通过对审计工作的全面监督和管理,确保审计活动的合规性、规范性和有效性。统一监管还需要涵盖对审计结果的评价和反馈,以便于对审计工作进行持续改进。数字化审计平台应提供实时监控预警功能,对审计过程中可能出现的问题和风险进行及时发现和处理。

总之,通过实现统一规划、统一标准、统一资源、统一数据和统一监管,数字化审计平台可以为审计人员提供全面、实时的信息支持,助力高校审计工作的高质量发展。实践中,各高校需根据自身实际情况和审计需求,有针对性地推进数字化审计平台的建设和完善,以充分发挥平台在审计工作中的优势和作用。

(二)高校数字化审计平台系统设计原则

1.统一领导,统筹协调

统一领导是高校数字化审计平台建设的基石,通过建立明确的领导体系和责任分工,确保平台发展方向的正确性和审计工作的高效进行。统一领导意味着在平台建设和运行过程中,各级领导、部门和审计人员需要积极配合,共同努力实现数字化审计的目标。在高校数字化审计平台的建设和运行过程中,要确保统一的领导体系和责任分工。通过建立明确的领导机构和管理制度,形成一个高效、有序的工作格局,保证审计工作的顺利推进。

在此基础上,统筹协调的原则强调在组织管理、资源配置、业务流程优化等方面进行全面梳理和整合,使各项工作协调推进,确保数字化审计平台的高效运作。

2.协同配合,一体发展

协同配合原则要求各部门、各层级之间加强沟通和合作,形成有效的工作协同机制，为高校审计工作提供有力支持。数字化审计平台应构建一个跨部门、跨层级的协同工作环境，通过在线即时通信工具、知识库共享等方式，实现信息的快速传递和资源的高效利用。

此外，一体发展原则强调平台各功能模块之间的紧密结合，以及与高校审计工作的深度融合。通过优化审计流程、整合审计资源、提高数据分析能力等措施，使数字化审计平台在审计工作中发挥更大作用，实现审计业务的高效运作和持续创新。

3. 服务为本，增值高效

服务为本原则强调高校数字化审计平台的核心目标是为审计工作提供优质、高效的服务。为实现这一目标，平台需充分了解审计人员的需求，为他们提供便捷、实用的工具和资源，帮助他们提高审计业务水平和工作效率。

同时，增值高效原则要求平台在满足审计人员基本需求的同时，不断提升服务质量，创新服务方式，为审计工作创造更多附加价值。通过运用先进的技术手段，如大数据分析、人工智能等，平台可以为审计人员提供更加精准、全面的信息支持，助力审计工作的高质量发展。

（三）高校数字化审计平台系统设计要求

1. 系统性

在整体设计过程中，高校数字化审计平台需重视系统性，确保各个功能模块之间的紧密配合，形成一个统一、高效的工作体系。通过将审计流程、数据分析、运营监控等方面紧密结合，平台可以为审计人员提供全面、实时的信息支持，助力提升审计工作的效率和质量。

2. 整体性

数字化审计平台设计需注重整体性，从大局出发，充分考虑高校审计工作的特点和需求，为审计人员提供全面、深入的服务。为此，平台应整合各类审计资源，提高审计人员的业务水平和工作效率。

3. 协同性

协同性在平台设计中同样至关重要。通过实现各部门、各层级之间的协同合作，数字化审计平台可以更好地支持审计工作，确保审计成果的准确性和有效性，打造"沟通零距离"的工作环境。

4.技术性

在实现前面三个设计要求的基础上,高校数字化审计平台应充分利用信息化和大数据技术,为审计工作提供有力支持。通过向信息化要资源、向大数据要效率,助力审计工作的科学化、规范化、现代化,为高校审计事业的繁荣发展提供坚实保障。

二、高校数字化审计平台系统结构

高校数字化审计平台系统结构是一个以现代信息技术为支撑,紧密结合审计业务需求,将系统后台、技术中台、应用前台三大部分有机融合,从而实现审计工作流程的优化和审计效率的提升,如图 5-3 所示。以下详细介绍这三大部分的功能和特点。

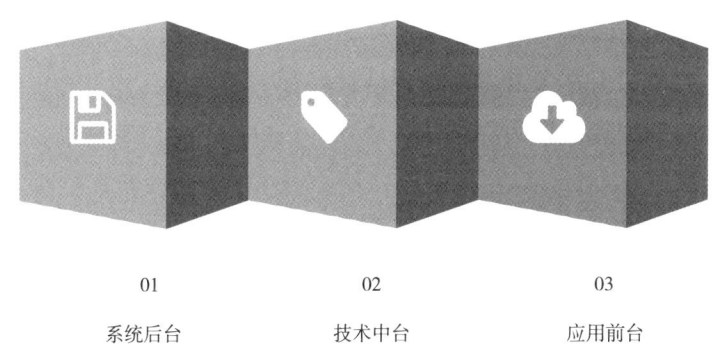

图 5-3 高校数字化审计平台系统结构

(一)系统后台

以高校数字化审计平台的系统后台作为基础配置层,承担着确保平台稳定运行的重要任务,为审计业务提供坚实的基础设施。系统后台涉及组织、用户、角色、权限等关键要素的配置,确保审计系统在高校内部具有清晰的组织架构,明确各类用户在系统中的角色和权限。此外,系统后台还需要对审计类别、审计流程等要素进行配置,以便于审计工作在统一的标准和规范下进行。通过合理设置系统后台,可以实现审计工作的规范化、制度化和科学化。

具体来说,高校数字化审计平台的系统后台负责组织结构的配置。这包括审计部门、审计团队及相关部门的组织架构,确保高校内部有一个明确且易于管理的组织结构。合理的组织结构有助于提高审计工作的协调性和效率，使审计部门更好地发挥职能作用。

用户管理是系统后台的重要组成部分。用户管理主要涉及审计人员的信息维护、账户创建、权限分配等方面，使各类用户在系统中的角色和权限清晰明确。通过对用户进行有效管理，可以确保高校数字化审计平台的安全性和可控性。

角色管理也是系统后台的关键功能之一。角色管理主要包括角色的创建、分配和权限设定等环节，使不同职责和权限的审计人员在系统中具备相应的操作权限。角色管理有助于实现审计工作的分工协作，提高审计工作效率。

权限管理是系统后台的核心要素之一。权限管理包括对系统功能、数据访问以及审计工作流程等方面的权限设置，以确保审计人员在系统中能够按照预设的权限范围进行操作。权限管理旨在保护审计数据的安全性，防止非授权人员对敏感信息的访问和操作。

此外，系统后台还需对审计类别进行配置，以满足高校审计工作的多样性需求。审计类别配置包括内部审计、经济责任审计、项目审计等，使审计工作能够覆盖高校的各个领域和层面，确保审计工作的全面性和针对性。

系统后台还涉及审计流程配置环节。审计流程配置包含审计工作的各个阶段，包括审计计划、审计实施、审计报告、整改跟踪等环节。通过对审计流程进行配置，可以使审计工作在统一、规范的流程下展开，提高审计工作的规范性和效果。

（二）技术中台

高校数字化审计平台的技术中台作为核心层，关注审计数据和模型规则的沉淀，以支持审计业务的智能化、数据化和模型化发展。技术中台涵盖数据集市、指标平台、规则引擎和智能工具等关键组件，为审计人员提供了强大的技术支持和创新性的审计方法。具体功能及各自的特点如下。

1. 数据集市

数据集市是技术中台的重要组成部分，负责统一管理高校审计数据。数据集市从各个业务系统中提取、汇总和清洗数据，确保审计数据的准确性、完整性和实时性。通过数据集市的统一管理，审计人员可以快速获取所需的审计数据，有效降低数据处理的难度和复杂性。此外，数据集市还支持数据的跨部门、跨系统的整合，为审计工作提供全面的数据支持。

2. 指标平台

指标平台是审计指标体系的核心，主要负责审计指标的定义、计算和存储。指标平台包含了各种财务、经济、管理等方面的审计指标，为审计人员提供了丰富的指标参考。通过指标平台，审计人员可以快速获取各类指标的计算结果，以评估被审单位的经济效益、内部控制、风险管理等方面的状况。同时，指标平台还支持指标的自定义和修改，使审计工作更具针对性和灵活性。

3. 规则引擎

规则引擎在技术中台中扮演着至关重要的角色，主要用于编写、执行和优化审计规则。规则引擎能够实现对审计过程的自动化监控，提高审计工作的效率和质量。通过规则引擎，审计人员可以快速检测出潜在的风险和问题，实现对被审单位的持续监控。此外，规则引擎还支持审计规则的持续优化，以适应审计环境和需求的变化。

4. 智能工具

智能工具为审计人员提供了一系列创新性的审计方法和技术。智能工具包括数据挖掘、机器学习、自然语言处理等前沿技术，可以帮助审计人员深入分析审计数据，发现隐藏的风险和问题。通过智能工具的应用，审计人员可以更加全面、深入地开展审计工作，提升审计质量和效率。同时，智能工具还能支持审计人员在复杂的数据环境中进行有效的数据挖掘，为审计决策提供有力支持。

5. 系统集成

技术中台支持与其他审计系统和业务系统的集成，实现数据和业务流程的无缝对接。通过与其他系统的集成，技术中台可以实时获取最新的业务数据，提高审计数据的实时性和准确性。同时，审计结果和建议可以快速反馈给相关业务系统，以便于被审单位进行整改和改进。

6. 安全防护

技术中台还具备强大的安全防护能力，确保审计数据的安全和审计过程的可控。通过数据加密、访问控制、日志审计等手段，技术中台可以有效防止数据泄露、篡改和滥用，保障审计工作的安全和可信。

7.审计知识沉淀和共享

技术中台还支持审计知识的沉淀和共享，促进审计业务的创新发展。通过知识管理系统，审计人员可以将审计经验、方法和案例进行整理、归纳，形成高校审计的知识库。审计知识库可以为审计人员提供丰富的参考资料，帮助他们更好地开展审计工作。同时，知识库还可以支持审计人员之间的知识交流和分享，促进审计业务的持续创新。

（三）应用前台

应用前台作为高校数字化审计平台的业务层，为审计人员提供全面的业务支持，包括现场作业、知识管理、实时预警、风险画像、协同工作和知识分享等功能。这些功能有助于提高审计工作的效率、质量和创新性，为高校审计工作的发展提供了强大动力。通过应用前台，审计人员能够更好地开展审计任务，实现审计职能。

应用前台满足现场作业需求，提供各种审计工具和服务，如电子底稿、审计计划、审计报告等。这些工具和服务使高校审计人员能够在统一的平台上完成审计任务，提高了工作效率，同时保证了审计工作的规范性和一致性。

针对知识管理需求，应用前台支持审计知识的收集、整理、分享和学习。通过在线知识库，审计人员可以轻松查找相关的法律法规、企业规章制度、审计程序、常见问题、业务案例和历史工作底稿等资料。此外，前面所提到的在线即时通信工具搭载在应用前台，实现审计人员之间的实时沟通和协作，打破了地域限制，促进了知识的共享和传播。

应用前台还具有实时预警和风险画像功能，能够对各类风险进行及时识别、评估和处置。通过对业务数据的实时分析，应用前台可以自动发现潜在的风险和问题，再借由风险画像功能，将审计发现的风险进行可视化展示，帮助高校审计人员更直观地了解风险状况，从而制定针对性的审计策略和整改措施。

此外，应用前台还关注审计人员的协同工作和知识分享。通过审计项目管理功能，审计人员可以轻松分配任务、跟踪进度、共享底稿和报告等，实现项目内的协同工作。同时，应用前台还支持高校审计人员之间的知识分享，如业务案例、最佳实践等，鼓励审计人员在完成任务的同时，不断创新和提高审计水平。

三、高校数字化审计平台系统模块

在数字化的浪潮中，高校作为教育和科研的核心场所，也正在迎接着审计工作的全新变革。数字化审计平台的出现，为高校提供了一种全新的治理视角。在数字化审计平台上，审计不再仅仅是一项纸面上的工作，而是可以通过数字化的方式，更加深入、全面地理解和掌握高校的运作状态。尤其是在审计信息化建设政策的号召下，数字化审计平台的建设，更是应时而生。

高校数字化审计平台主要包括三个模块，分别是审计资源管理模块、审计项目管理模块和审计作业模块，如图5-4所示。这是与前面系统结构不同的一个视角，从这个视角可以看到一些新的功能，也可以看到部分功能的重新分配。

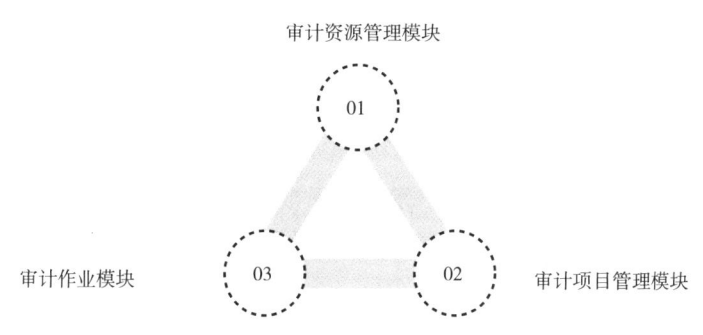

图 5-4 高校数字化审计平台系统模块

（一）审计资源管理模块

在高校数字化审计平台中，审计资源管理模块扮演着重要的角色，提供了基础的、全方位的服务，极大地提升了审计工作的效率和便捷性。在这个模块中，高校以不同的审计角色为核心，设计出一套精细的权限分配和管理机制，确保各个角色的审计工作都能得到充分的支持。

审计资源管理模块的主要功能包括登录项目、已完成事项、待办事项、通知公告和相关下载等。这些功能覆盖了审计工作的各个环节，从审计任务的分配和接收，到审计工作的完成和反馈，都能得到有效的支持。例如，在待办事项中，审计人员可以清晰地看到自己的任务列表，了解每个任务的详细情况，包括任务的开始时间、结束时间、任务内容、任务状态等，这样就可以确保审计工作的有序进行。

权限分配是审计资源管理模块的核心功能之一。通过精细的权限设置，可以确保审计工作的安全和有效性。在这个模块中，高校为不同的审计角色设置了不同的权限。例如，总务处的审计人员拥有查询和提交有效期内的结算文件，查询结算审计进度等权限。这样的权限设置，使他们可以在执行审计任务的同时，及时掌握审计工作的进展情况，提高审计效率。

相对应的，高校也为其他相关部门设置了专门的负责人。这些负责人可以查阅审计相关年度，干部离任审计、在职期间经济责任审计和财务收支审计的审计报告。这样的设置，有助于提高审计工作的针对性，让审计工作更加具有针对性。

同时，高校也为资料送审人员设置了录入数据的权限，审计处领导则有审批修改的权限。这样的权限设置，使审计工作可以在严格的管理和控制下进行，确保审计工作的准确性和专业性。

在审计资源管理模块中，相关人员还可以利用颜色进行分组，根据角色的不同设置不同颜色的分组，使审计工作的管理更加直观、清晰。这样的设计，使审计资源管理模块在审计工作中发挥了重要的作用，提高了审计工作的效率和便捷性。

（二）审计项目管理模块

高校数字化审计平台的审计项目管理模块主要承担着将各个独立的审计任务集成为统一的审计项目，从而便于审计人员进行全面、深入的审计工作。工程审计和财务审计是审计项目管理模块的两大核心内容，围绕着不同的审计对象和目标，设计了一系列细致且严格的审计流程。

工程审计主要包括基建工程审计和修缮工程审计两大部分。从项目的建立开始，通过对工程项目的费用来源、截止时间、竣工验收等环节进行详细地审查，确保工程审计的全面性和准确性。每一个环节都需要经过工程审计人员的严格审核，只有在资料完整、时间节点合理的情况下，审计人员才会给出审批同意，将资料报送至下一个环节。这种严格的审计流程，确保了审计结果的客观性和公正性。

财务审计则包括经济责任审计和财务收支专项审计两大部分。这部分的审计工作同样需要经过一系列严格的审计流程。

（1）需要确定年度的审计计划，包括审计的目标、对象、内容、方法等。

（2）需要建立审计项目，明确审计的具体任务和责任。

（3）需要编制审计方案，包括审计的步骤、程序、标准等。在审计过程中，还需要形成审计通知书，及时向被审计单位通报审计情况。

（4）需要提交审计整改报告，对审计中发现的问题提出改进意见。这一系列流程，通过层层审核，最终形成电子工作底稿。

值得一提的是，审计项目管理模块还具备待办事项的功能。所有未完成的审计事项，都会在待办事项中显示。为了避免遗漏或延误，系统还会在截止办理时间前设置预警信息，提醒审计负责人员及时处理。这样，不仅可以方便审计负责人员统一管理信息，而且可以及时督促审计事项的办理，保证审计工作的顺利进行。

（三）审计作业模块

在数字经济时代，审计工作人员借助于数字化审计平台，实现了从传统的结果审计向过程审计的转变。这种转变强化了业务工作中的审计，并实现了动态审计跟踪。

审计作业模块是数字化审计平台系统的核心，包括财务数据准备、审计数据准备、审计作业和分析工具四个部分。这个模块的设计，使审计人员可以及时发现异常交易，为现场审计提供指引，提高了审计效率。

在财务数据准备环节，审计人员需要整合财务系统的数据，建立数据库，逐步实现数字化审计。通过广泛收集相关信息，审计人员可以准备出全面的财务数据，而无须再翻阅传统的纸质报销凭证。这种数据准备方式大大提高了审计的效率，减少了审计的难度。

审计数据准备环节是审计工作的重要部分。确定被审计对象后，审计人员需要运用数据库技术对数据进行挖掘，对数据进行分类统计。无论被审计对象涉及的是物资采购，还是资产项目，审计人员都需要提前从平台调出相关报表，确保审计时，数据已经准备充分。

审计作业环节是审计工作的重点和难点。在前期的财务数据和审计数据准备完毕后，审计人员需要根据审计数据和财务数据，对被审计对象进行审计。在审计过程中，审计人员需要对发现的问题进行深入研究，与当事人进行沟通，及时取证，确保审计作业的顺利完成。

分析工具是审计作业模块的最后一个部分。审计人员通过查询、财务分析、审计报表、收支经费一览表、工程结算定案表等工具，可以快速发现问题，对问题进行深入研究。同时，审计人员也可以对高校工程项目与采购合同进行对比，对工程结算审计审减率进行统计。

总的来说，高校数字化审计平台的审计作业模块通过数字化技术，使审计工作更加高效和精准。通过数据准备、审计作业和分析工具的配合使用，审计人员可以更好地进行审计工作，提高审计质量。同时，通过强化过程审计，审计人员也可以实现动态审计跟踪，及时发现异常交易，提高审计效率。

第三节 高校数字化审计平台搭建方案

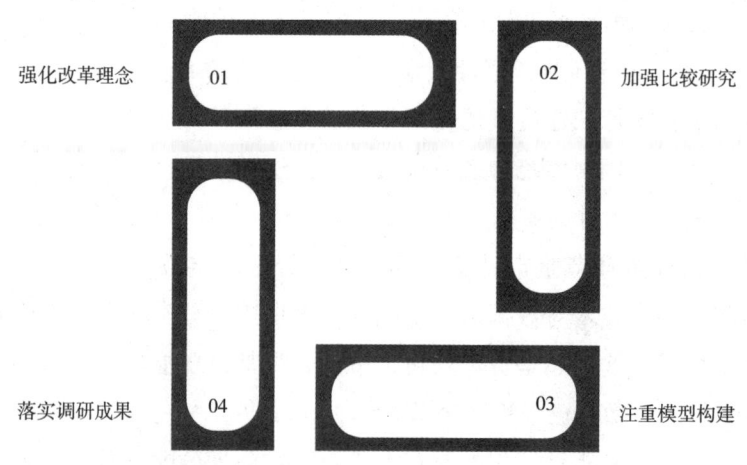

一、高校数字化审计平台搭建方案

在搭建高校数字化审计平台的过程中，需要实施一系列的策略以确保成功。其中包括强化改革理念、加强比较研究、注重模型构建以及落实调研成果，如图 5-5 所示。

图 5-5 高校数字化审计平台搭建方案

（一）强化改革理念

在高校数字审计平台的建设过程中，强化改革理念是至关重要的一步。理念是行动的先导，只有具备正确的理念，充分发挥高校的智慧力量，不断反思和学习，才能指导高校在实践中走出一条成功的道路。下面将从多个角度详细阐述这个策略。

（1）在数字化审计平台的搭建过程中，先深刻理解高校审计信息化建设的内涵。高校审计信息化不仅仅是在技术层面上的改变，更是在思维方式和工作模式上的一次革新。要求高校打破传统的审计方式，接纳并积极利用新的信息技术，以更高效、更准确的方式完成审计工作。这就需要高校从理念上接受这种改变，认识到数字化审计带来的巨大优势，积极主动地融入这个改革过程。

（2）高校在审计工作的信息化建设中具有独特的智慧力量。这包括了丰富的审计经验、专业的审计人才、先进的信息技术等多个方面。这种智慧力量是高校数字化审计平台建设的重要资源，高校需要充分发挥这种力量，以数字化审计助推审计工作提质增效。具体来说，高校可以借助数字化审计平台，将这些智慧力量进行有效的组合和利用，形成一种全新的、高效的审计模式。

此外，强化改革理念还要求高校在实践中不断反思和学习。高校需要在实践中发现问题，及时调整策略，不断完善高校的改革理念。同时，高校还要通过培训等方式，将这种改革理念传播给所有的审计工作人员，让他们都能理解并接受这种改革，从而推动整个高校的数字化审计工作。

（二）加强比较研究

在数字化审计平台的建设过程中，加强比较研究是一种重要的策略，旨在通过学习和借鉴先进的做法，总结经验教训，优化审计数据的收集和使用，为数字化审计奠定坚实的基础。

（1）加强比较研究需要高校广泛学习和借鉴区域内有关行业企业以及区域外高校在审计信息化建设方面的先进做法。这一步骤的目的是积累知识和经验，通过对比分析，找出成功的案例和失败的教训，为高校数字化审计平台搭建提供有价值的参考。这不仅包括审计技术和方法的学习，还包括审计管理和制度的借鉴，以及审计文化和理念的吸收。只有全面地进行比较研究，高校才能全方位地提升高校的数字化审计能力。

（2）加强比较研究需要高校及时总结和反思高校的审计工作。这包括对上一年度审计数据报送工作的经验进行深入分析，找出成功的因素和存在的问题,从而为高校的下一步工作提供指导。这种反思和总结不仅要针对具体的审计项目,也要针对高校的审计制度和流程,以及高校审计团队的工作态度和能力。通过这种方式,高校可以持续优化高校的审计工作,使其更加适应数字化审计的要求。

（3）加强比较研究还需要高校建立审计数据归集的长效机制。这是因为,数据是数字化审计的基础,只有建立了有效的数据收集和管理系统,高校才能充分利用数据的力量,提高审计的效率和质量。为此,高校需要建立一套包括数据收集、清洗、存储、分析和使用的完整流程,以及一套对应的管理制度,确保高校的数据能够长期、稳定、准确地为高校的审计工作服务。

（三）注重模型构建

在数字化审计平台的建设中,注重模型构建是核心环节之一。模型构建主要指利用已有审计数据,通过数学和统计方法建立模型,从而更有效地进行审计工作。模型构建的目的是实现审计工作的系统化、规范化和科学化,提高审计效率和准确性。

1. 模型构建起始于充分运用现有审计数据

高校的审计数据来源多样,包括但不限于财务报表、内部控制报告、业务数据等。这些数据的正确利用是建立有效审计模型的基础。现代审计工作注重数据的采集、整理和分析,因此,审计数据的有效管理和充分利用对于构建审计模型具有重要意义。

2. 注重模型构建需要厘清审计思路

构建有效的审计模型并非一蹴而就,需要对审计的目标、原则、方法、程序等有深入理解和明确思路。例如,审计目标决定了审计模型的目标,审计原则决定了审计模型的基本要求,审计方法决定了审计模型的具体形式,审计程序决定了审计模型的应用过程。

3. 模型构建是探索实施数字化审计模式的重要突破口

通过构建"总体分析、发现疑点、分散核实、系统研究"的审计模型,可以有效地进行审计工作。总体分析主要是对审计对象进行全面、宏观的分析,以把握其总体状况；发现疑点是通过审计模型发现可能存在问题的地方；分散核实是对发现的问题进行详细核查,确认其真实性；系统研究则是在确认问题后，进一步研究其成因，提出改进意见。

4.模型构建可以提高审计的效率和准确性

通过建立审计模型，可以将复杂的审计过程规范化、流程化，大大提高审计效率。同时，审计模型可以帮助审计人员更准确地找出可能存在问题的地方，提高审计准确性。

(四) *落实调研成果*

在数字化审计平台的建设过程中，调研成果的落实情况将影响平台的功能实现和操作效率。这一过程主要涉及调研报告的完成，审计综合管理平台的建设，以及对高校审计信息化建设需求的及时响应。

（1）调研报告的完成过程包括对审计需求的详细梳理，对现有审计工作的深度分析，以及对未来审计工作的规划和设想。这个过程需要审计人员有较强的分析能力和前瞻性思考，以确保调研报告的全面性和深度。此外，调研报告的完成还需要与其他相关部门进行密切的沟通和协作，确保报告内容的准确性和有效性。

（2）加快审计综合管理是审计工作的核心，将影响审计工作的效率和质量。因此，高校需要在调研报告的基础上，结合高校的实际情况，快速将一个功能齐全、操作简便、服务高效的审计综合管理平台嵌入数字化审计平台之中。

（3）及时回应高校审计信息化建设的需求是落实调研成果的关键。随着信息技术的发展，高校的审计工作也在向信息化转变。因此，高校需要密切关注高校的审计需求，及时调整审计工作的方向和方式，以满足高校的审计需求。此外，高校还需要积极采纳新的审计理念和技术，以提高审计工作的效率和质量。

二、高校数字化审计模型构建要点

数字化审计平台的运行离不开模型的构建，在前边搭建策略中，"注重模型构建"就是其中重要的一个环节，在此将对高校数字化审计模型的构建要点进行详细介绍，如图5-6所示。

```
知识管理 ─┐
文件管理 ─┤                     ┌─ 建立数据存储规范
个人管理 ─┤  高校数字化审计    ├─ 指标溯源及数据接入
         ├─ 模型构建要点      ├─ 指标数据归集
分析对比风险数据 ─┤            ├─ 数据质量校核
                 │            ├─ 数据转换计算
多条件历史数据查询 ─┘          └─ 项目管理
```

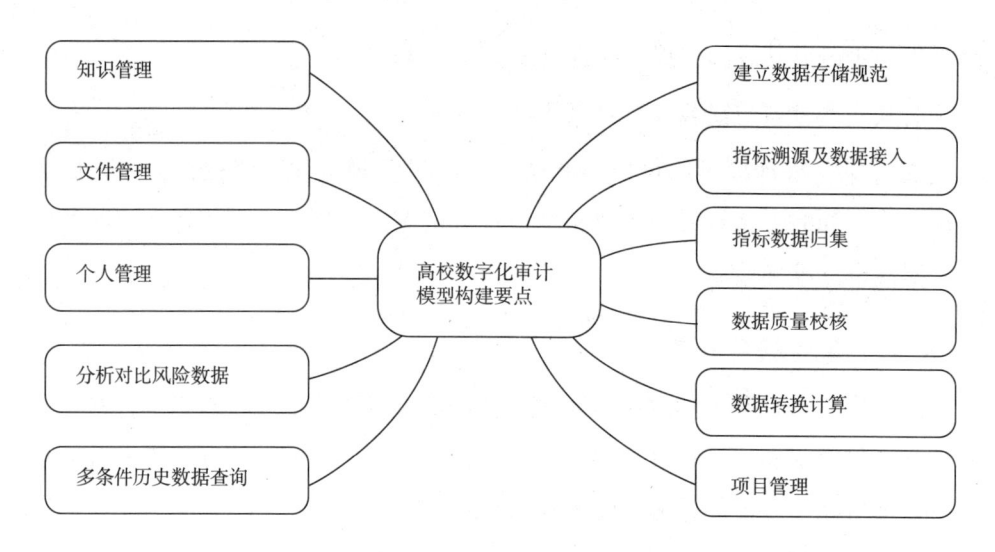

图 5-6　高校数字化审计模型构建要点

（一）建立数据存储规范

高校数字化审计模型的第一个核心要点是建立完整的数据存储规范，这包括数据目录的新增、修改、查询、删除等功能，以及数据的不可篡改与追溯。

数据存储是数字化审计模型的基础，无论是基建项目的项目管理流程，还是其他各类审计项目，都需要有详细、准确的数据支持。例如，基建项目的管理流程需要进行全流程的追踪，包括项目基本信息、服务合同履约、预算成本信息、队伍资质、合同基本信息、分包合同基本信息、财务银行账、分包公司账户信息、分包公司合同信息、银企转账单、分包项目用工清单、分包项目计件清单、分包项目出勤表、集体农民工专户、农民工专户账户变动信息等。这些信息的加密存储和维护，是实现审计工作的重要环节。

在数据存储规范的建立过程中，高校需要将现有业务通过接口进行处理，将数据源进行整合和处理，以实现数据的不可篡改与追溯。这是为了保证数据的真实性和完整性，从而提高审计的准确性和可靠性。

此外，高校还需要将疑点分析过程、分析结果、支撑数据变化进行管理与存储，实现数据的管理全程可追溯。这一步骤的目标是提升审计模型应用数据的可信度与应用安全。通过对疑点分析的过程和结果进行存储和管理，高校可以更好地理解和掌握审计工作的进程，以及审计结果的产生过程，从而提高审计的透明度和公信力。

（二）指标溯源及数据接入

在构建高校数字化审计模型时，指标溯源及数据接入的要点是不可忽视的一环。这个环节的核心是确保数据的真实性、完整性和可追溯性，从而提供更高质量、更可靠的审计结果。

（1）高校需要对调研涉及的信息系统数据字典、调研指标数据存储环境、调研中台数据业务数据接入情况、接入质量及数据的字段信息完整性进行深入研究。这些方面的调研可以帮助高校更好地理解数据的来源、存储方式和使用情况，从而在审计模型的构建过程中做出更准确的判断。

（2）高校需要对调研中台指标计算存储环境进行分析。这一步主要是为了确保指标计算的准确性和稳定性，以及数据的安全性。对于这一点，高校可以通过建立专门的数据存储环境，实现业务数据的实时收集和存储。

（3）为了提高审计效率，高校还需要利用信息化手段将数字化审计业务逻辑嵌入审计系统，做到审计数据的实时保存、审计证据的全程可追溯。这样一来，无论是审计人员还是被审计对象，都可以对审计过程有一个清晰、全面的了解，从而提高审计的透明度和公信力。

（4）高校还需要开展数据溯源及指标接入的工作，包括开展指标数据溯源并完成指标接入程序数据的申请、提取、转换、接入测试。这些工作的目的是确保数据的真实性和完整性，从而提供更可靠的审计结果。

（5）高校需要梳理形成指标溯源成果报告，并开展指标数据溯源情况报告的编制。这一步骤可以帮助高校对整个审计过程进行总结和反思，从而不断提高审计工作的质量和效率。

（三）指标数据归集

构建高校数字化审计模型时，指标数据的归集涉及数据中台归集账号的申请、后台数据库的设计、指标数据信息存储结构的设计、指标数据接入脚本的编写以及配置指标定时接入程序任务等几个关键步骤。

（1）开展数据中台归集账号申请是开始数据归集工作的第一步。高校需要在数据中台上申请专门的账号，这个账号将用于管理和控制数据的归集、存储和使用。

（2）在申请账号的同时，高校还需要对后台数据库进行设计。后台数据库的设计需要考虑到数据的存储、查询、更新和删除等多种操作，同时需要考虑数据的安全性和稳定性。

（3）依托数据中台开展指标数据信息存储结构的设计，这是数据归集工作的重要环节。高校需要根据审计指标的特点和需求，设计出合理、高效的数据存储结构，以便于后续的数据处理和分析。

（4）高校需要开展指标数据接入脚本的编写。根据接入指标依托溯源报告，高校需要编制并测试数据接入脚本。这些脚本将用于自动化地收集、处理和存储指标数据，大大提高了数据归集的效率。

（5）高校需要配置指标定时接入程序任务。通过配置数据接入的定时任务，高校可以确保数据的实时性和完整性，同时可以减轻人工操作的负担。

（四）数据质量校核

在构建高校数字化审计模型的过程中，数据质量校核环节的主要任务是通过电子数据存储规范，辅助电子数据的真实性认定，以提高电子数据的合法性和真实性。这不仅能够固化审计取证和审计沟通的过程，而且能够保证审计结果的准确性和可信度。

（1）高校需要明确电子数据存储规范。电子数据存储规范是一种规定数据存储方式和格式的规则，能够保证数据的一致性和完整性，同时有助于提高数据的可用性和可读性。同时，电子数据存储规范还可以辅助电子数据的真实性认定，确保数据的真实性和合法性。

（2）高校需要制定指标数据质量核查规则。这些规则应当依据当前的数据中台应用情况，对指标数据进行全面的质量核查。在核查过程中，高校需要对数据的准确性、完整性、一致性、及时性等各个方面进行检查，对检查出的问题进行记录，并输出问题清单。

（3）高校需要对指标数据进行质量核查。通过执行已经制定的质量核查规则，高校可以发现数据中的问题和错误，从而对数据进行纠正和优化。

（4）高校需要完成数据质量的校验与比对。这一步主要是通过对比核查前后的数据，检验数据质量的改进情况，以此来评估数据质量核查的效果。

（五）数据转换计算

构建高校数字化审计模型的过程中，数据转换计算环节的主要任务是清洗指标数据，处理异常值和缺失值，进行多源差异分析，研究数据趋势，进行复合指标计算和数据形式转换等。

（1）高校需要对指标数据进行清洗。数据清洗主要是对数据进行预处理，包括处理异常值、缺失值、重复值等。异常值处理主要是对数据中的离群点进行分析和处理，以避免其对分析结果的影响。缺失值处理则是对数据中的缺失信息进行补充，以提高数据的完整性。

（2）高校需要开展不同指标的溯源接入数据的多源差异分析。多源差异分析主要是对来自不同来源的数据进行比较，以识别和处理数据中的不一致性。这一步骤可以帮助高校确保数据的一致性，从而提高审计结果的准确性。

（3）高校需要进行指标数据的趋势分析。趋势分析是一种基于数理统计方法的数据分析方法，通过对数据的长期变化进行分析，可以帮助高校识别数据的发展趋势，从而为决策提供依据。

（4）高校需要进行复合指标计算和数据形式转换。复合指标计算是指将多个单一指标综合起来，形成一个综合性的指标，以便于高校对数据进行全面的评估。数据形式转换则是将数据从一种形式转换为另一种形式，以便于高校进行进一步的分析和处理。

（六）项目管理

在构建高校数字化审计模型的过程中，项目管理主要包括任务管理、审计记录编制、审计记录查看、审计底稿编制、审计底稿查看和审计底稿复核等多个子环节。

任务管理是项目管理的核心，涉及对审计任务的设定、分配、跟踪和管理，以确保审计工作的顺利进行。

审计记录的编制和查看则是对审计过程中的各种数据和信息进行记录和查阅。这些记录不仅可以帮助审计人员了解和掌握审计工作的进度和情况，而且还可以为后续的审计分析和决策提供重要的数据支持。

审计底稿的编制、查看和复核则是审计工作的重要环节。底稿是审计人员进行审计工作的基础，它记录了审计的过程、方法、依据和结果等信息。通过底稿的编制、查看和复核，高校可以确保审计工作的规范性和有效性。

审计底稿管理则涉及审计底稿的新增、修改、删除和查询等操作。这些操作需要在一个安全、有效、便捷的平台上进行，以确保底稿的安全性和有效性。

审计底稿审批管理则是对审计底稿进行审批的过程，需要按照项目设定的二级、三级复核人进行审批,以确保底稿的质量和准确性。

引用标准问题是在编写审计记录和审计底稿时,引用问题库中的审计标准问题,这可以帮助审计人员更准确、更规范地编写审计记录和审计底稿。

生成项目问题清单是根据编写的审计记录和审计底稿自动生成项目问题清单。这个清单可以帮助高校追踪和管理审计过程中发现的问题,以便及时进行整改。

(七)知识管理

在高校数字化审计模型的构建过程中,知识管理通过整合、归纳和系统化的方法,将散落在不同地方和不同格式的知识进行有效的管理和利用,以支持审计工作的高效开展。

遵循分级分类原则,高校需要建立一个包含审计指引库、问题分类库、审计案例库、法律法规及规章制度等多种知识成果的知识管理模块。这个模块不仅可以方便审计人员在项目现场快速查看相关的知识成果,而且可以通过智能搜索功能,让审计人员自行设置查询定义和条件,快速查找所需要的目标。

审计指引库是知识管理的重要组成部分,它基于标准问题模板,提供问题录入、提报审核、相关问题反馈、更新等功能,并支持审计作业对问题库问题的引用。这样可以帮助审计人员更好地理解和掌握审计的方法和原则,提高审计工作的质量和效率。

标准问题分类管理则涉及问题分类录入、更新、问题分类标准的维护以及支撑标准问题库对问题分类的引用等功能。这可以使高校更好地对审计问题进行分类和管理,从而更有针对性地进行审计工作。

审计案例管理则是基于规章制度、法律依据、涉及金额的问题风险等级划分及录入、更新、提报审核,并支撑标准问题库对问题风险等级的引用。这样可以帮助高校了解和分析审计问题的产生原因和解决方法,从而提高审计工作的效果。

(八)文件管理

在高校数字化审计模型的构建过程中,文件管理主要是对工程审计过程中的各类审计材料进行在线全过程管理。文件管理不仅涉及各类文件的创建、修改、删除和查询,还包括对文件的权限设置和共享管理。

(1)高校需要建立一个全面的取证文件管理系统,对项目审计过程中的各类数据资料，如图片、文字、视频、语音等进行管理。审计人员可以在这个系统中新增、修改、删除、查询各类审计文件。为了确保数据的安全性，高校需要对每一份文件都进行备份，并定期更新备份文件，以防止数据丢失或被篡改。

（2）高校需要建立一个审计项目共享文件管理系统，根据项目的审计人员和文件进行权限的设置和共享。这个系统可以使同一个项目组的成员共享相同的文件，并对这些文件进行新增、修改、删除、查询等操作。为了保护数据的安全性和隐私性，高校需要对每一个用户的权限进行细致的设置，只允许具有相应权限的用户访问和操作相应的文件。

（九）个人管理

在高校数字化审计模型的构建中，个人管理模块是不可或缺的一个环节，旨在保障审计人员的个人信息安全，提高工作效率，以及优化审计工作流程。个人管理模块主要包含两个部分，即个人信息管理和通知消息。

个人信息管理是个人管理模块的核心，主要涉及审计人员的基本信息查看和维护。用户可以在这个模块中查看和维护自己的基本信息，如单位、职务、电话、邮箱等。为了保障用户的数据安全，高校需要设置严格的权限管理，只允许用户查看和修改自己的基本信息。另外，为了提高用户体验，高校还需要提供修改登录密码、清除缓存、退出登录等操作功能。

通知消息是个人管理模块的另一个重要组成部分，它可以提醒用户收到新的任务信息或者任务反馈信息。通知消息的功能不仅可以提醒用户及时查看和处理新的任务，还可以帮助用户及时获取任务的反馈信息，从而提高工作效率。为了实现这个功能，高校需要建立一个实时通知系统，可以通过邮件、短信、应用通知等多种方式，及时向用户发送新的任务信息和任务反馈信息。

（十）分析对比风险数据

在构建高校数字化审计模型的过程中，对智能数据模型分析对比风险数据是一项至关重要的任务。这一步骤的目的是通过对各种审计数据的分析，找出可能存在的风险或问题，从而为审计工作提供决策支持。

智能数据模型分析的关键在于理解数据的来源、数据的完整性、一致性、及时性和合规性。这需要高校对数据进行全面的评估和分析，包括数据的收集、处理和分析过程。在此基础上，高校可以使用各种数据分析工具和技术，如数据挖掘、机器学习和人工智能等，来发现可能存在的风险数据。

一旦发现风险数据，高校需要立即通过预警消息（如系统消息、邮件、短信等方式）通知相关人员。这样，他们可以在第一时间对风险数据进行处理，以防止可能出现的问题。

除了对现有数据的分析，高校还需要对数据采集过程进行深入的了解。这包括分析数据来源、字段类型，以及数据的必要性。根据这些分析结果，高校可以制订出更有效的数据采集计划，并协调相关资源进行数据获取。

（十一）多条件历史数据查询

多条件历史数据查询是指利用一种或多种查询条件，对历史数据进行筛选和查询。这些查询条件可以包括单位、问题类别、来源、风险损失等各种维度。在构建高校数字化审计模型的过程中，多条件历史数据查询不仅能帮助审计人员快速找到所需的信息，而且还能使审计过程更加系统化、科学化。

（1）按单位统计数据可以帮助高校了解各个单位的审计状况。例如，高校可以查询某个单位在过去一段时间内的审计问题数量、问题的严重程度等信息。这可以帮助高校对该单位的审计风险进行评估，并制定相应的审计策略。

（2）按问题类别统计数据可以帮助高校了解不同类型的审计问题的分布情况。例如，高校可以查询在过去一段时间内，财务问题、合规问题、管理问题等各类问题的数量和比例。这可以帮助高校了解各类问题的重要性，并有针对性地采取相应的审计措施。

（3）按来源统计数据可以帮助高校了解审计问题的来源。例如，高校可以查询在过去一段时间内，由内部员工、外部审计机构、公众投诉等来源发现的审计问题的数量和比例。这可以帮助高校了解审计问题的发现机制，并提高审计的效率。

（4）风险损失统计可以帮助高校了解由审计问题导致的损失情况。例如，高校可以查询在过去一段时间内，由于审计问题导致的财务损失、声誉损失等情况。这可以帮助高校评估审计问题的影响，并采取相应的风险管理措施。

三、高校数字化审计平台搭建相关实践案例与启示

审计信息化建设是提升审计能力的关键。通过构建数字化审计平台，整合审计资源，优化工作流程，可以更好地适应庞大的业务体系和日益增加的审计

需求。信息化建设也是规范审计管理的契机。通过制定审计过程管理办法，可以保证项目组所有成员不偏离审计目标且如期完成分工任务。

目前，国内已有高校展开数字化审计平台搭建的相关实践。其中，山东大学和天津大学的数字化审计平台案例展示了高校在数字化审计方面的积极探索，体现了如何通过利用现代技术，提高审计效率和审计质量，服务于高校的事业发展。

先来看山东大学的数字化审计平台。该平台在省级信息化优秀案例中脱颖而出，体现了其在审计信息化建设方面的卓越实践。山东大学明确提出将审计信息化建设作为重中之重，按照"总体规划、分步实施、统一标准、逐步集成"的思路，构建了包括审计管理系统、在线作业系统、数据分析系统和决策支持系统在内的四个功能模块。这个系统的构建，实现了审计资源的整合，优化了工作流程，形成了内联外协、上下贯通的工作格局，更好地适应了庞大的业务体系和日益增加的审计需求。

再来看天津大学在科技强审提质增效上的实践。该校以数据运用为导向的"数字化审计"和标准化管理为导向的"审计数字化"两方面协同推进，以审计信息化为抓手，探索数据审计模式，特别建设了远程审计平台。同时，天津大学以信息化建设为契机，整体规范审计管理，以保证项目组所有成员不偏离审计目标且如期完成分工任务为目的，制定了审计过程管理办法。

山东大学和天津大学的这两个案例，具有一定的借鉴价值。两个案例展示了通过科技驱动和数据分析，提升审计的效率和质量。这是高校数字化审计的重要方向，也是审计工作在新时期面临的新挑战和新机遇。山东大学的数字化审计平台以系统性、整体性、协同性为特点，注重各个审计环节的整合与优化，尤其是对审计信息化建设的重视，这是让审计工作更加高效、准确的关键。同时，天津大学的审计工作坚持科技强审提质增效，不断探索数据审计模式，以审计信息化为抓手，从以数据运用为导向的"数字化审计"和标准化管理为导向的"审计数字化"两方面协同推进，这一做法也为高校提供了启示。

另外，审计过程中的个人信息保护合规审计是一个重要的方向，这也是在当今社会信息安全、数据保护日益受到重视的背景下，审计工作需要关注的焦点。天津大学的审计工作就在这方面做出了积极的努力。

总的来说，山东大学和天津大学的实践提供了一条路径，指明了高校数字化审计平台与数字化审计模型构建的方向。这个方向是以科技驱动、数据分析为核心，注重审计信息化建设，着眼于审计过程的整体性和协同性，同时保证个人信息保护的合规性。这些要点，无论是对高校还是对其他类型的机构，都是值得借鉴和参考的。

在未来，随着科技的进步和数据分析能力的提升，审计工作将更加依赖于数字化审计平台。审计人员需要具备更强的数据分析能力，审计过程需要更加透明和规范。这样，高校才能更好地服务于高校的事业发展，保证审计工作的质量和效率，满足日益增加的审计需求。

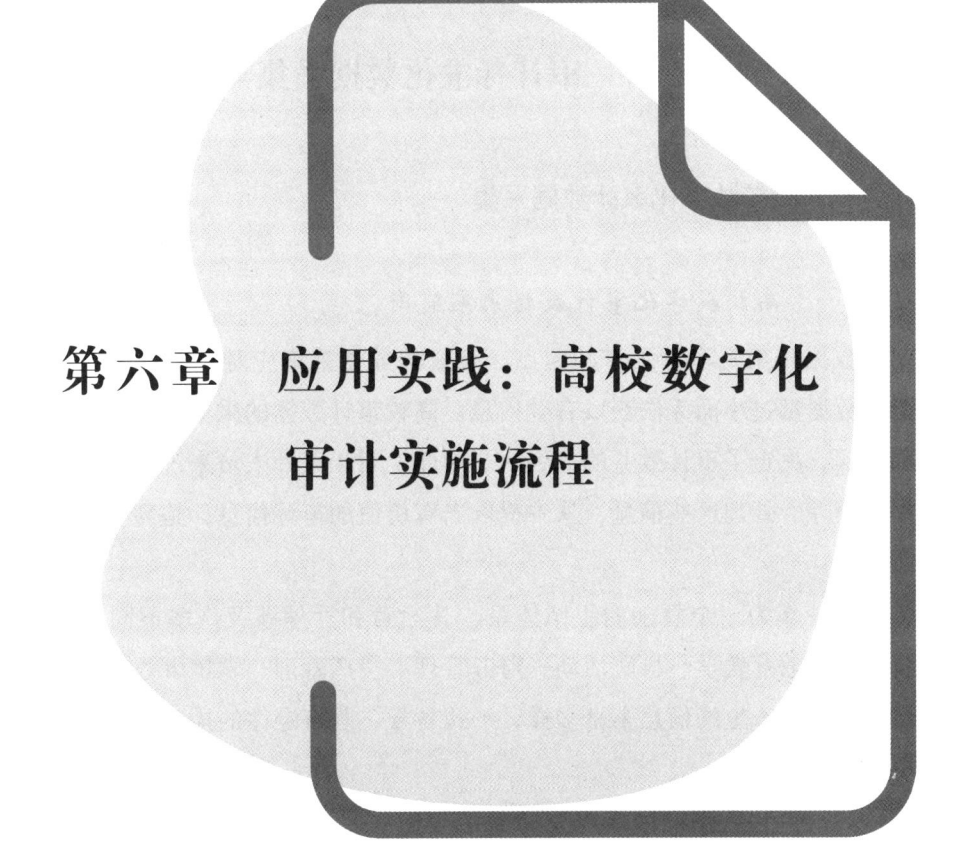

第六章 应用实践：高校数字化审计实施流程

在这个日益数字化的时代，高校审计也顺应潮流，开始转向数字化审计。本章将深入探讨高校数字化审计实施流程的各个环节，涵盖了从数据采集到结果利用的每个环节，从而有效地提升高校审计的效率和准确性。这一新的实施流程不仅将深化审计的数据分析，也将推动审计过程和结果的透明化，为高校带来更大的便利和益处。

第一节　审计标准化数据采集与整理

一、高校数字化审计数据采集

（一）高校数字化审计数据采集范围

数据采集是审计工作的起点。有效的数据采集应避免数据冗余，同时不能因数据量过小而无法获取有效信息。高校审计数据的采集是审计工作的基础和关键，决定了审计效益的最大化。因此，对于审计人员来说，如何有效地收集、整理、处理这些信息，从中提取出有价值的审计信息，是高校数字化审计的关键。

高校作为一个复杂的组织体系，其运营和管理涉及许多不同的部门和领域，包括教育教学、科研活动、财务管理、资产管理、学生事务管理等。这些部门和领域产生的信息丰富多样，形式各异，既有定性的描述性信息，也有定量的数据信息。

高校审计数据的采集需要涵盖结构化数据、非结构化数据和半结构化数据。结构化数据，如财务系统数据、人事系统数据、科研系统数据等，因其结构清晰、易于分析，是传统审计方式的主要数据来源。不过，为了更全面、深入地理解和评估高校的风险和内部控制，审计人员需要关注并获取更多的非结构化数据和半结构化数据。非结构化数据，如会议记录、合同协议、规章制度、网页信息等，以及介于结构化和非结构化之间的半结构化数据，如各种XML、HTML文档等，虽然不易于直接分析，但包含了大量的价值信息。

（二）高校数字化审计数据采集策略

高校需要采取一定的策略来更好地完成数字化审计数据采集工作，如图6-1所示。

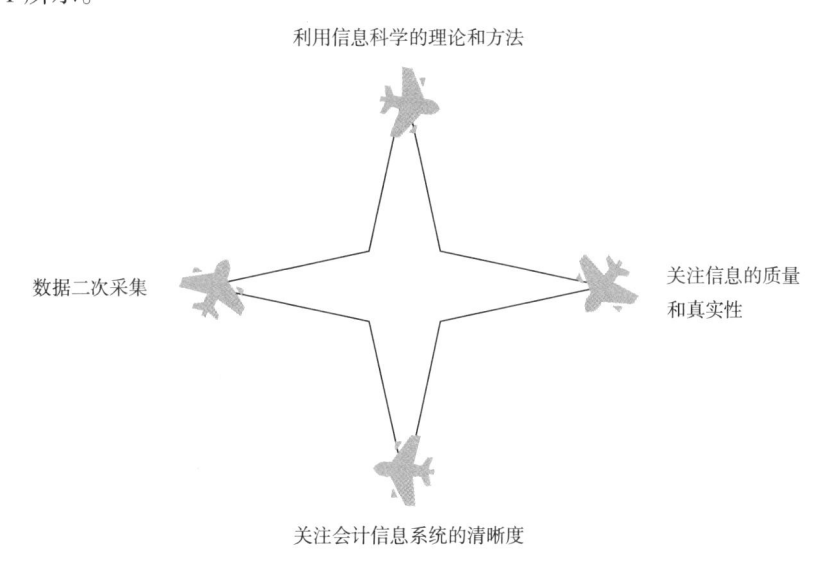

图6-1　高校数字化审计数据采集策略

（策略要素：利用信息科学的理论和方法；关注信息的质量和真实性；关注会计信息系统的清晰度；数据二次采集）

1.利用信息科学的理论和方法

信息是物质存在的一种方式、形态或运动形态，也是事物的一种普遍属性。对于审计人员来说，大部分信息需要通过信息的载体进行感知。这些载体包括人类社会生产、生活和管理过程中所涉及的一切文件、资料、图表和数据等。审计人员通常会将数据作为被审计单位信息的首选载体，通过对数据的加工形成审计可用的信息产品。

在此过程中，审计人员需要利用信息科学的理论和方法，对被审计单位的数据进行确认识别，掌握其计量和转换规则、提取方法、多重数据的筛选技术；掌握被审计单位的数据形成机理和调节原理等，对收集的数据进行转换，形成可用的审计信息。同时，审计人员也需要运用信息论的原理，对被审计单位的管理信息系统数据进行分析、提取、筛选，形成可用的审计信息集合。

例如，审计人员可以通过收集高校的财务数据，通过对这些数据的分析和解读，以了解高校的财务状况，包括收入和支出的结构、财务管理的有效性、财务风险的存在等。同时，审计人员也可以通过收集高校的教学和科研数据，了解高校的教学质量、科研成果、师资力量等方面的情况。这些信息可以帮助审计人员对高校的管理和运营情况有一个全面的了解，从而进行有效的审计。

2.关注信息的质量和真实性

在数字化审计数据采集过程中，审计人员需要关注信息的质量和真实性。由于信息的混乱程度不同，同一类审计事项可能会形成多重信息。这就要求高校审计人员对信息集合进行归纳、整理、分析，得出被审计单位的不同类、款、项的管理信息。在这个过程中，信息熵的概念就显得尤为重要。信息熵是一个表明单一系统混沌程度的状态量，代表了信号在被接收之前，传输过程中损失的信息量。在审计过程中，审计人员可以通过计算信息熵，判断信息的失真度，决定抽样的规模和重点，从而提高审计的效率和准确性。

3.关注会计信息系统的清晰度

会计信息系统是高校管理信息系统的重要组成部分，反映了高校资金的取得、分配和使用情况，实质上是各种利益关系的反映。通过分析会计信息，审计人员可以了解高校过去特定时间内的经济活动，控制目前的经济活动，预测未来的经济活动。这就需要审计人员运用信息熵的原理，对会计信息产生的信息源进行判断。如果信息源有序，信息的冗余度低，那么信息的可信度就高，审计人员需要抽样的数量就低。反之，如果信息源无序，信息的冗余度高，那么审计人员就需要收集更多的信息，进行更多的抽样和分析。

4.数据二次采集

在高校数字化审计的数据采集中，数据二次分析的模型创建和优化、数据叠加和外部数据应用必不可少。

（1）审计人员需要对日常审计的新发现进行归纳和总结，形成新的审计思路和规则，不断更新和优化审计模型库。这些模型可以帮助审计人员更精准地分析和解读数据，提高审计的效率和准确性。同时，审计人员还需要对现有的审计模型进行查缺补漏、精简字段、完善基础数据表等工作，以提高审计模型的精准度，发现数据采集的空白。

（2）审计人员可以通过数据叠加的方式，进一步提高审计抽样数据的精准度。例如，审计人员可以将同一模型不同月份的数据进行叠加，分析同一可疑数据出现的频率；也可以将指向同类问题的模型进行叠加，分析涉及的问题类型；还可以将指向不同类问题的模型进行叠加，提高审计的全面性。这些方法都可以帮助审计人员更精准地定位问题，提高数据采集的效果。此外，审计人员还需要对各类外部数据进行收集和整理，以丰富、完善审计模型库的基础数据。例如，审计人员可以收集职业放贷人、限高行为人等相关信息，固定时间段更新。这些外部数据可以为审计提供更多的信息来源，提高审计的全面性和准确性。

（三）高校数字化审计数据采集实施

在掌握采集策略之后，高校就要开始进行具体的数据采集实施。高校的数字化审计数据采集过程包括了多个环节，其中最重要的部分包括数据的识别、获取、整理和存储。

1. 审计人员需要识别哪些数据是与审计目标相关的

例如，如果审计目标是评估一所大学的教学质量，那么相关的数据可能包括学生的入学成绩、毕业成绩、课程评估结果等。这些数据可以从高校的教务系统、学生信息系统等内部信息系统中获取。此外，审计人员还需要关注那些可能影响审计结果的外部信息，如学生的就业情况、社区反馈等，这些数据可能需要通过网络爬虫、问卷调查等方式从互联网或者其他外部来源获取。

2. 审计人员需要获取这些数据

这个过程可能需要审计人员使用各种数据采集技术，如数据库查询、数据抓取等。在这个过程中，审计人员需要注意数据的完整性和准确性，避免由于数据缺失或者错误导致审计结果的偏差。同时，审计人员还需要注意数据的时效性，确保获取的数据是最新的、最相关的。

值得注意的是，高校的数字化审计数据采集过程需要遵守相关的法律法规和伦理规范，如数据保护法、隐私权法等。审计人员在获取、处理、存储数据的过程中，都需要确保数据的安全性和保密性，不得泄露个人隐私和商业机密。

二、高校数字化审计数据预处理

数字化审计的数据采集后，下一步便是预处理过程。预处理是将原始数据转化为高质量、一致性、适合数据分析的数据的过程，为后续的数据分析和审计决策提供强大的支持。虽然这个过程在审计工作中可能并不显眼，但其对于审计效果的影响却不容忽视。

高校数字化审计的数据预处理过程主要涵盖了数据清洗、数据集成、数据转换和数据规约四个步骤，如图6-2所示。这些步骤彼此之间并不是孤立的，而是相互关联、相互影响的，共同构成了一个完整的、系统的数据预处理过程。

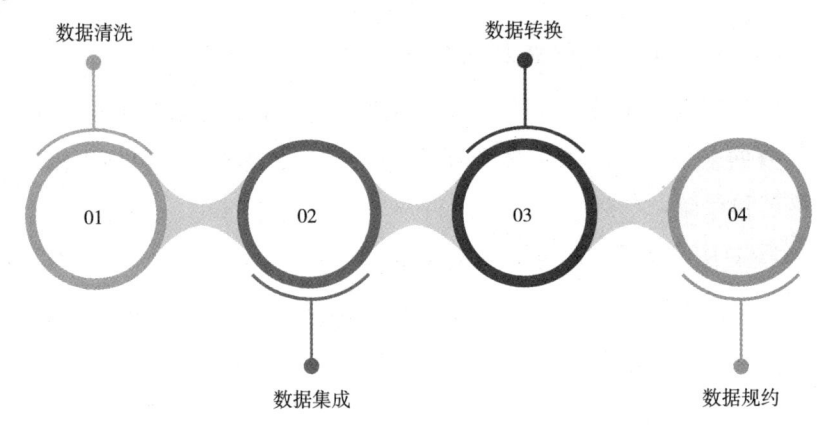

图 6-2　高校数字化审计数据预处理

（一）数据清洗

数据清洗主要是处理数据中的噪声和不一致性，对数据质量进行提升。在高校数字化审计的过程中，原始数据可能会包含错误、重复或者缺失的数据，这些都可能对审计结果产生负面影响。因此，审计人员需要采取相应的方法进行数据清洗，如通过统计方法识别和修正错误数据，通过数据匹配和数据融合处理重复数据，通过数据插补处理缺失数据。此外，审计人员还需要处理数据中的异常值和离群点，这些数据可能是由于系统错误或者人为操作错误产生的，也可能是表示某种特殊情况的重要信息，因此需要审计人员根据具体情况进行判断和处理。

（二）数据集成

数据集成是将来自不同来源、不同格式的数据集成在一起，形成一致的数据视图。在高校数字化审计的过程中，相关数据可能来自高校的各种内部系统，如教务系统、财务系统、人事系统等，也可能来自互联网或其他外部数据源。这些数据可能存在格式不一致、单位不一致、编码不一致等问题，因此审计人员需要采取相应的方法进行数据集成，如通过数据转换和数据映射解决数据格式和数据单位的问题，通过数据对齐和数据匹配解决数据编码的问题。

此外，由于数据可能来自不同的时间段，因此审计人员还需要进行时间对齐，确保数据的时间一致性。在数据集成的过程中，可能会出现数据冲突的问题，如同一数据在不同数据源中的值不一致，这时需要审计人员根据具体情况进行判断和处理。

（三）数据转换

数据转换是将数据转化为适合数据分析的格式。在高校数字化审计的过程中，原始数据可能是各种复杂的数据类型，如文本、图像、音频、视频等，需要通过数据转换将这些复杂的数据类型转化为适合数据分析的结构化数据。

同时，数据转换还包括数据规范化和数据离散化等操作。数据规范化是将数据转化为具有统一范围的数据，可以减小数据的尺度影响，使数据分析的结果更加准确。数据离散化是将连续的数据转化为离散的数据，可以减小数据的复杂性，使数据分析的过程更加简单。

（四）数据规约

数据规约是将大量的数据简化为少量的代表性数据。在高校数字化审计过程中，原始数据可能包含大量的冗余数据和无关数据，这些数据不仅增加了数据分析的难度，也可能干扰数据分析的结果。因此，审计人员需要采取相应的方法进行数据规约，如通过数据聚合和数据抽样减少数据的数量，通过特征选择和特征构造减少数据的维度。在数据规约的过程中，需要保证代表性数据的质量，确保数据分析的准确性。

三、高校数字化审计数据整理

为了确保审计的准确性和全面性，审计人员需要对收集到的数据进行逐步的整理。在这个过程中，审计人员的工作可以分为以下五个主要步骤。

（一）数据归类和链接

审计人员要对预处理后的数据进行归类和链接，构建信息间的相互连续和映对关系。这是一个关键的环节，有助于审计人员更快速地查找和分析数据，揭示潜在的问题和风险。在这个阶段，审计人员需要将具有相同性质或关联性的信息归为一类，并建立它们之间的关联。例如，将有关收入的数据归为一类，将有关支出的数据归为另一类。通过这样的分类和关联，审计人员可以更好地理解数据之间的联系，发现可能存在的问题。

接下来，审计人员需要对相互连续、映对的审计信息进行分类和排序，以便于存储、检索、传递和使用。这一步骤要求审计人员根据审计信息的性质和重要性进行优先级排序，确保关键信息能够被迅速识别和处理。例如，将涉及重大风险的信息优先处理，将次要信息放在后面。这样的分类和排序有助于审计人员更高效地开展审计工作，确保审计目标的实现。

（二）信息筛选、对比和判别

审计人员要对归类和链接形成的审计信息进行筛选、对比和判别。在多条原始信息中，审计人员需要运用专业技能和经验，识别真假信息和真伪信息。这一过程可能涉及对不同来源、不同时间点的数据进行对比分析，以验证数据的真实性和准确性。此外，还可以通过分析同一时期内的数据变化，检验数据的合理性。这一阶段的工作对保证审计结果的准确性至关重要，因为只有对数据进行充分的筛选、对比和判别，审计人员才能为审计工作提供可靠的依据。

（三）构建经济活动的完整信息图像

审计人员需将满足审计目标需要的信息构建经济活动的完整信息图像。这包括形成该项经济活动的资金流、物流和相关方面活动的路线图。通过整理后的审计信息，审计人员可以形成相互联系、相互对应、相互切换的信息集合，从而更有效地判断被审计单位的经济活动是否真实存在，或是否存在虚拟作假情况。

在整个高校数字化审计数据的整理过程中，审计人员需要严谨细致地进行工作，确保数据的准确性和有效性。通过对原始数据的整理、归类、链接、分类、排序、筛选、对比和判别，审计人员能够构建出经济活动的完整信息图像，为审计工作提供有力支持。这一过程有助于提高审计工作的针对性和实效性，促进审计业务的创新发展。

第二节 数字化审计数据分析与报告

一、数据分析方法选择

高校数字化审计数据分析方法的选择关乎审计工作的质量和效果。审计人员在选择数据分析方法时,应充分了解高校的业务特点和审计目标,关注数据的质量和完整性,结合实际情况和自身能力,灵活运用各种数据分析方法。通过综合运用多种分析方法,审计人员可以更好地发现异常数据、潜在问题和风险,为高校的管理和发展提供有益参考。

在高校审计中,审计人员首先需要充分了解高校的业务特点和审计目标。高校作为特殊的组织机构,涉及诸多领域,如教学、科研、财务、人事等。不同领域的审计目标和数据特点各异,因此,审计人员在选择数据分析方法时,应针对具体的审计领域和目标进行筛选。例如,在对财务数据进行审计时,比率分析和趋势分析是较为常用的方法,能够直观地反映财务状况的变化和可能存在的问题;而在对科研项目的管理和投入产出进行审计时,聚类分析和关联分析可以帮助审计人员更好地了解项目的特征和关联性,从而发现潜在的风险。

在掌握了高校业务特点、审计目标的基础上,审计人员需要结合实际情况选择合适的数据分析方法。实际操作中,审计人员往往需要综合运用多种分析方法,以便从不同角度对数据进行深入挖掘。例如,描述性统计分析可以为审计人员提供数据的基本情况,如均值、标准差等;趋势分析可以揭示数据随时变化的规律,从而发现异常波动和潜在问题;回归分析则可以帮助审计人员研究变量之间的关系,预测未来的发展趋势。通过多种分析方法的综合运用,审计人员可以更全面、深入地剖析数据,为审计工作提供有力支持。

值得注意的是,选择数据分析方法时,审计人员应遵循适用性原则,避免盲目追求复杂的分析方法。对于简单的审计问题和数据特点,简单的分析方法往往能够达到更好的效果。例如,对于财务指标的审计,描述性统计分析和比率分析就足以揭示大部分问题。复杂的分析方法虽然可以挖掘更多信息，但在某些情况下，可能会增加审计工作的难度和成本，甚至导致误判。因此，审计人员在选择数据分析方法时，应根据实际需求和数据特点，综合考虑各种方法的优缺点，做出合理选择。

除上述因素外，审计人员在选择数据分析方法时，还需考虑自身的技能和能力。随着大数据和人工智能技术的发展，数据分析方法日益丰富和多样。对审计人员而言，掌握一定的数据分析技能和知识是必要的。同时，审计人员还需根据自身的专长和经验，选择适合自己的分析方法，以提高审计效果。如有必要，审计人员可以参加相关培训和学习，不断提升自己的数据分析能力，为高校数字化审计数据分析提供更有力的支持。

二、数据分析工具选择

随着大数据和人工智能技术的发展，数字化审计数据分析工具日益丰富和多样，为审计人员提供了更多的选择和便利。高校数字化审计数据分析工具的选择关乎审计工作的质量和效果。通过选择合适的数据分析工具，审计人员可以更好地完成数字化审计工作，为高校提供有益的参考和建议，推动高校实现可持续、健康的发展。同时，审计人员还要关注数据分析工具的发展和创新，不断提升自身的审计技能和知识，以适应数字化审计工作的新需求和挑战。

审计人员在选择工具时，要充分考虑工具的功能性、兼容性、可视化、易用性和性价比因素，如图6-3所示。

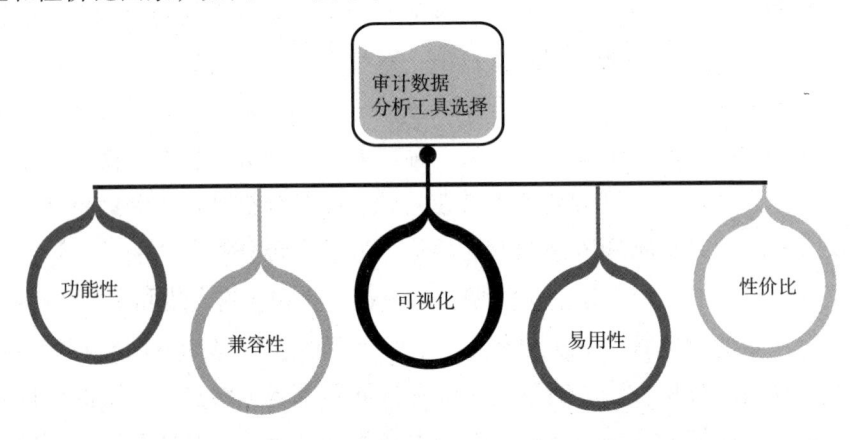

图6-3 高校数字化审计数据分析工具选择的考虑因素

（一）功能性

审计人员在选择数据分析工具时，先要充分考虑工具的功能性。一个好的数据分析工具应具备强大的数据处理能力，能够帮助高校审计人员快速、准确地完成数据收集、整理、分析和解读等工作。

（二）兼容性

数据分析工具应具备良好的兼容性和扩展性，能够适应高校的各种业务场景和数据需求。审计人员在选择工具时，应结合高校的实际情况和审计目标，对比分析各种工具的优缺点，从而做出合适的选择。

（三）可视化

在选择数据分析工具时，审计人员还要重视可视化分析功能。可视化分析是数据分析工作的重要组成部分，可以将复杂的数字信息以直观、易懂的形式展现出来，有助于审计人员更好地理解数据和发现问题。一个好的可视化分析工具应具备丰富的图表类型、灵活的图表配置和高度的自定义能力，以满足审计人员在不同场景下的可视化需求。通过使用可视化分析工具，高校审计人员可以更直观地展示数据分析结果，提高审计报告的质量和说服力。

（四）易用性

易用性也是高校选择数据分析工具需要考虑的因素之一。一个好的审计数据分析工具应具备简洁明了的用户界面和完善的帮助文档，以便于审计人员快速上手和操作。

（五）性价比

随着审计数据分析工具市场的不断扩大，工具的价格和功能差异也变得越来越大。审计人员要根据高校的实际需求和预算，权衡各种因素，选择性价比较高的工具。在满足基本功能需求的前提下，审计人员可以通过购买正版软件、参加培训和学习等方式，提高工具的使用效率，降低审计成本。

三、数据分析与解读

高校数字化审计数据分析与解读是一个复杂且关键的过程，涉及对数据、业务知识和审计准则的综合运用。审计人员在进行数据分析与解读时，要保持客观公正的态度，关注异常数据和潜在风险，挖掘数据关联性和因果关系，以及对分析结果进行深入解读，形成有说服力的结论和建议。通过高效的数据分析与解读，审计人员可以为高校的管理和发展提供有益的参考，推动高校实现可持续、健康的发展。

审计人员在对数据进行分析时，先要保持客观公正的态度，遵循审计准则和方法论。在数字化审计的过程中，审计人员可能会面临各种主观和客观的干扰因素，如个人偏好、数据质量问题等。审计人员应以事实为依据，以数据为支撑，避免受到这些干扰因素的影响，确保分析结果的客观性和公正性。

在数据分析的过程中，审计人员需要关注异常数据和潜在风险。异常数据可能是审计风险的表现，也可能是数据质量问题的结果。当审计人员发现异常数据时，应进行进一步的调查和分析，了解其背后的原因。对于构成审计风险的异常数据，审计人员需要提出相应的改进措施和建议，以帮助高校改进管理和提高效益。对于数据质量问题所导致的异常数据，审计人员需要指出问题所在，促使高校完善数据管理体系，提高数据质量。

审计人员在对数据进行分析时，还要关注数据之间的关联性和因果关系。通过挖掘数据之间的联系，审计人员可以更好地了解高校的业务流程、管理模式和资源配置。同时，审计人员还可以从数据关联性中发现潜在的问题和风险，为高校提供有针对性的改进建议。需要注意的是，在分析数据关联性和因果关系时，审计人员要遵循科学的原则，避免因数据的偶然性和相关性而产生的误判。

在完成数据分析后，审计人员需要对分析结果进行解读，将数据和事实联系起来，形成有说服力的结论和建议。解读分析结果是一个综合性的过程，涉及对数据、业务知识和审计准则的综合运用。审计人员在解读分析结果时，应站在高校的角度，充分考虑高校的实际情况和发展需求，提出切实可行的建议。同时，审计人员还要关注与高校的沟通和协作，以确保审计结果的准确性和有效性。在解读过程中，审计人员要善于运用数据可视化工具，如图表、报告，将复杂的数据和结论以直观、易懂的方式呈现，有助于高校领导和相关部门理解审计结果，从而更好地采纳审计建议。

值得注意的是，在数据分析与解读过程中，审计人员需要保持敏锐的洞察力和判断力。数字化审计的环境下，数据量庞大、更新快速，审计人员要善于从海量数据中发现问题和机会。此外，审计人员还要关注高校的内外部环境变化,及时调整审计策略和方法,以确保审计工作的针对性和实效性。

此外,在高校数字化审计数据分析与解读的过程中,审计人员还需要关注技术的发展和创新。随着大数据、人工智能等技术的迅猛发展,审计工作的方法和手段也在不断升级。审计人员要紧跟技术发展的步伐,学习新的审计技能和知识,提高自身的审计能力。同时,审计人员还要关注高校的技术创新和应用,了解其对审计工作的影响,从而为高校提供更有针对性的审计服务。

四、审计报告撰写

高校数字化审计报告撰写是审计工作的关键环节,涉及对审计目的、范围、方法、过程、发现的问题和风险及改进建议等内容的全面呈现。审计人员在撰写报告时,要保持客观公正的态度,注重报告的清晰、准确、有逻辑的表述,以及符合规范的形式和结构。通过撰写高质量的数字化审计报告,审计人员可以为高校的管理和发展提供有益的参考,推动高校实现可持续、健康的发展。同时,审计人员还要关注审计报告撰写的技巧和方法,不断提升自身的报告撰写能力,以适应数字化审计工作的新需求和挑战。

在撰写数字化审计报告时,审计人员首先需要明确审计的目的和范围。审计的目的是审计工作的出发点和归宿,决定了审计报告的基调和方向。审计范围则界定了审计工作的具体内容和关注点。审计人员在撰写报告时,应根据高校的实际情况和审计目标,明确审计目的和范围,确保报告的针对性和实效性。

(1)审计报告应详细描述审计的方法和过程。审计方法是审计工作的核心,决定了审计结果的准确性和可靠性。审计过程则是审计方法的具体实施,反映了审计工作的严谨性和规范性。高校审计人员在撰写报告时,应对所采用的数据分析方法、技术手段和审计流程进行详细说明,以便高校领导和相关部门了解审计工作的基本情况,评估审计结果的合理性和可信度。

(2)审计报告需要重点阐述审计发现的问题和风险。在数字化审计过程中,审计人员通过对数据的深入分析和解读,可能会发现一些关于高校管理、财务、合规等方面的问题和风险。审计人员在撰写报告时,应对这些问题和风险进行客观、全面、深入的分析,阐述问题的性质、影响和原因,以便高校领导和相关部门了解问题的严重性和紧迫性,及时采取相应的改进措施。

（3）审计报告还需提出针对性的改进建议和措施。作为审计工作的重要成果，改进建议和措施旨在帮助高校解决存在的问题，提高管理水平和效益。因此，审计人员在撰写报告时，应站在高校的角度，结合审计发现的问题和风险，提出切实可行的建议。这些建议要具有操作性和针对性，以便高校领导和相关部门能够有针对性地落实和执行。

（4）高校数字化审计报告的撰写还需要注重表述的清晰和逻辑。一个好的审计报告应该具备条理清晰、易于理解的特点。审计人员在撰写报告时，应保持客观公正的态度，用简洁明了的语言阐述审计过程和结果。同时，高校审计人员还要善于运用数据可视化工具，将复杂数字信息以直观、易懂的形式展现出来，有助于高校领导和相关部门理解审计结果，从而更好地采纳审计建议。

（5）审计报告的形式和结构也是撰写过程中需要关注的重要方面。一个符合规范的审计报告应具备完整的标题、摘要、目录、正文、附录等部分，以便于读者快速了解审计报告的核心内容和结构。高校审计人员在撰写报告时，应遵循相关规范和要求，保证报告的形式和结构符合标准。

第三节　数字化审计结果的高效利用

近年来，国内对内部审计结果运用的制度性规定越来越明确，这为审计委员会框架下强化审计结果运用提供了重要的制度保障。《审计署关于内部审计工作的规定》要求单位应当建立健全审计结果运行机制，明确被审计单位主要负责人为审计结果运用第一责任人，强化对内部审计结果的运用，要求被审计单位应当及时对审计发现的问题进行整改，并要求将内部审计结果及整改情况作为考核、任免、奖惩干部和相关决策的重要依据。

高校亦然，在数字化审计实施流程的最后，高校需要高校利用数字化的审计结果，形成一个审计闭环。为此，高校要建立党委审计委员会，有效整合高校审计资源，进一步推进和强化审计结果运用体制机制，提升内部审计效率和效果，转变传统的"重审计轻结果运用"，形成以审计委员会框架整合的审计结果运用模式，充分发挥审计委员会的顶层设计和统筹协调职能，具体需要从以下五个方面入手，如图6-4所示。

```
建立审计成果统筹协调制度
建立审计成果跟踪运用制度
建立审计整改协调联动机制    →  数字化审计结果的高效利用
建立审计结果考核机制
建立审计结果公开机制
```

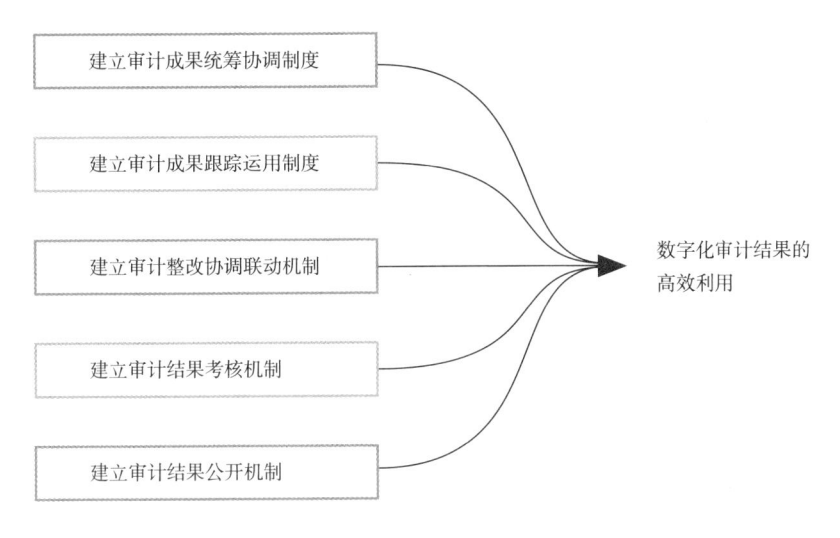

图 6-4　数字化审计结果的高效利用

一、建立审计成果统筹协调制度

高校要以审计委员会为核心,建立审计成果统筹协调制度,实现审计资源的高效整合。

(1)在高校党委的领导下,审计委员会既需要协调高校内部审计资源,负责梳理审计对象与审计主体之间的关系,对内部审计工作进行恰当的授权与监督,同时要接受政府审计部门对高校内部审计工作的监管和指导。

(2)审计委员会可根据内部审计工作的需求,以内部审计机构的身份独立聘请或解聘会计师事务所,或委托会计师事务所协助内部审计对特定部门或事项进行审计。然而,会计师事务所的审计成果需向内部审计机构负责,并将工作成果报告给审计委员会。

具体来说,在内部审计完成工作后,应根据审计委员会的要求向其报告审计成果;会计师事务所的审计成果需先提交给内部审计机构,必要时可直接报告给审计委员会;国家审计机构依据相关规定对相关部门、单位和人员进行审计后,可在高校审计委员会的名义下负责对接和沟通,直接了解审计成果,并根据需要安排校审计部门开展跟进复核,全面掌握审计发现的问题,及时分析问题产生的原因或背景。这种由审计委员会协调的多维度审计成果运用改变了传统的单一审计成果运行机制,实现了审计成果的统筹协调和多方共享。

二、建立审计成果跟踪运用制度

根据修订后的《审计署关于内部审计工作的规定》，内部审计机构须在发现问题、提出审计意见或建议的基础上，跟进审计成果运用，推动内部审计成果充分发挥作用。

只有充分有效地运用内部审计成果，才能彰显内部审计在高校管理中的重要性，进而体现其价值。将内部审计发现的问题转化为完善单位经济管理的具体措施，有助于防止"屡审屡犯"现象，提高审计效果，对于提升内部审计地位、充分发挥内部审计职能、推动内部审计高质量发展、促进组织价值增值具有重大意义。

因此，高校要以审计委员会为核心，建立审计成果跟踪运用制度，实现审计成果共享共用。审计委员会应发挥职能，关注社会审计以及内部审计机构发现的各类问题，跟进本高校及其附属各部门和有关单位及主要负责人对审计问题的反馈、应对态度和处理方式，督促实施审计整改，了解内部审计成果运用所取得的经济和社会效益，跟踪内部审计机构与纪检监察、巡视巡察、组织人事部门等的协作配合情况，掌握审计成果共享、共用、重要事项共同执行、问题整改共同落实情况。

三、建立审计整改协调联动机制

审计整改是实现内部审计功能的基本保障，也是审计成果运用的关键环节，是体现审计价值的最直接途径。高校内部审计成果的有效利用也离不开审计整改，需要审计委员会发挥领导和协调作用。

为此，高校可在审计委员会框架下建立审计整改协调联动机制，提升审计监督协同效果。

具体来说，高校可以设立审计整改工作领导小组，由审计委员会主任或副主任担任审计整改小组组长或副组长，同时设立由审计处、资产管理处、财务处、纪委监察和组织人事等相关职能部门组成的审计整改联席会议制度，将审计发现的问题集中提交联席会沟通审议。依据干部管理权限，由组织人事或纪委监察等部门将审计结果及整改情况作为评估、任免、奖惩被审计领导干部的重要依据。

在审计委员会领导下，审计整改联席会议可以就审计发现的问题制定整改指导，监督检查审计整改执行情况，全面总结、及时研究审计发现的典型性、普遍性、倾向性问题，制定具体可行的整改措施、完善相关规定和制度。

此外，高校需要建立内部审计机构与相关部门的协作联动机制，联席会议其他成员单位要在规定期限内对审计发现的问题进行整改，并以适当方式及时将审计成果运用情况反馈给审计委员会（办公室）和内部审计机构，从而形成内外结合、上下联动的协同机制，推进审计整改，发挥审计监督协同作用。

四、建立审计结果考核机制

审计责任考核是确保审计监督有效性、提升内部活动价值的关键手段，同时是提高内部审计结果应用效果的威慑手段和各级机构及部门正确认识审计结果应用的有效方式。

高校要在审计委员会框架内建立审计结果考核机制，加大审计责任追究力度。高校审计委员会既要对内部审计发现的违纪违规问题采取适当的处理惩罚措施，发挥审计的惩戒功能；也要根据相关规定要求，将内部审计结果及整改情况纳入校内各部门领导班子行政绩效建设责任制考核范围，并作为领导班子成员进行领导能力、绩效考核的"一票否决"的关键事项之一。高校内部审计结果报告及审计整改报告应纳入被审计领导干部个人档案。对于未按规定时限进行整改或整改不力的情况，应在一定范围内予以通报批评；对于整改不到位、拒绝、拖延整改、屡查屡犯的情况，要对被审计单位的主要负责人进行约谈，造成严重影响和损失的，依法依纪严肃追责问责。

如今，部分高校已将审计整改与绩效考核、人事任免、调整挂钩，明确规定将审计结果应用情况和考核情况纳入领导干部选拔考查范围，对纳入审计结果问责对象和审计结果应用考核负面清单的干部予以调职、降职处理。通过实施"检查、统计、评估、通报"四个步骤的问责机制，紧盯问责主体，完善问责机制，严格责任追究制度，提高审计问责力度，增强审计威慑力。

五、建立审计结果公开机制

审计委员会（办公室）在接受上级审计机构的指导、利用注册会计师审计和指导内部审计机构进行审计后，需对上级审计机构的监督、指导结果与注册会计师审计结果和内部审计结果进行整合，建立审计结果公开体系，这有助于提高审计结果透明度和社会关注度。

高校要依据内部审计结果的表现形式，通过审计快报、管理建议书、风险提示函、审计汇总分析报告、风险综述报告、审计报告和典型案例汇编等多种方式，根据需求向外界充分披露内部审计结果。

在高校教代会上，以书面形式向全校教职工代表报告审计发现的问题及整改落实情况，特别是与高校教学、科研管理、日常制度运行相关的重大事件或高风险事件的详细披露。

此外，高校还要根据内部审计结果的披露载体，除传统的高校内部会议、内部网站、OA 公告等方式外，探索运用信息化手段，建立审计结果及其整改情况动态信息库，并通过微信公众号、微博等新媒体实时跟踪和发布，提高审计工作的关注度和公信力，从而增强审计结果的应用效果。

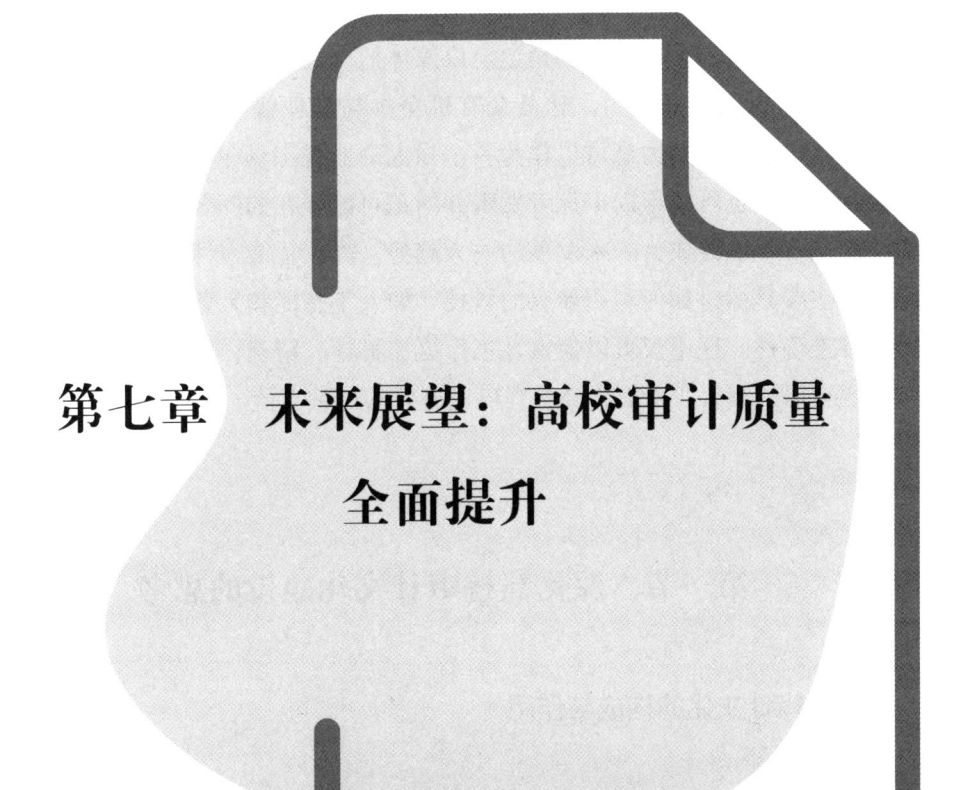

第七章 未来展望：高校审计质量全面提升

随着高校审计信息化建设的不断深入，高校审计的角色和功能也在逐渐发生变化。高校的视线已经超越了现有的框架，开始关注未来的可能性。审计不仅是一种工具或者流程，更是一种文化。审计文化是指在组织中建立起来的关于审计的价值观、信念、习惯和行为规范。深化高校审计文化建设，意味着高校需要在各个层面上推动审计的理念，包括从行政管理到学术研究，从职员到学生，每个人都需要理解和接受审计的重要性。这样，审计就能真正成为高校发展的推动力量，而不仅是一个独立的、被动的监控工具。同时，媒体在推动高校审计方面也扮演着重要的角色。以媒体监督促进高校审计的路径构思，是将审计工作更加公开透明，让公众有机会参与和理解审计过程，从而增强审计的公信力。媒体的力量可以作为一个强大的监督工具，促使高校对自身的行为更加负责，也可以帮助审计者发现并纠正可能存在的问题。而随着科技的进步，智能审计已经成为未来发展的一大趋势。高校智能审计的创新发展与应用设想，主要是探讨如何利用新兴的科技，如人工智能和大数据，来提升审计的效率和准确性。这不仅可以使审计工作更加科学、精确，而且还可以提供更深入、更全面的洞察，从而为高校提供更有效的决策支持。

第一节　深化高校审计文化建设的思考

一、审计文化的构成与作用

（一）审计文化的构成

审计文化，作为审计领域的核心价值体系，既是审计活动得以顺利开展的重要保障，也是审计效果得以优化的重要基础。具体可从审计价值观、审计精神、审计思维和审计形象这四个方面对审计文化的构成进行深入把握。

1. 审计价值观

审计价值观是审计文化的灵魂和指南，引导着审计人员在实际工作中的行为方向。审计价值观主要包括服务大局观、科学发展观和以人为本观。服务大局观强调审计的本质是服务，而非单纯的监督。这种服务的根本目标是实现全面、协调和可持续的发展,从而促进社会和谐。科学发展观要求审计活动必须坚持科学的态度和方法,注重审计活动的全面性、客观性和实证性。以人为本观则强调审计活动必须坚持以人为中心,尊重审计人员的主体地位,发挥他们的首创精神,同时要关注审计人员的全面发展,通过建立完善的激励机制,调动审计人员的主动性和积极性。

2. 审计精神

审计精神是审计文化的重要组成部分,反映了审计人员对职业的热爱和对职责的承担。在当代中国的政治经济环境下,审计精神主要表现为"奉献精神"。这种精神源于审计人员的职业道德和社会责任,它为审计人员提供了精神支柱和前进动力,激发了审计人员的积极性,增强了审计活动的活力。

3. 审计思维

审计思维是审计文化的重要表现形式,是审计人员在处理审计问题时的思维方式和方法。随着社会的不断发展进步,审计思维也必须与时俱进,不断创新。现代审计思维必须具有前瞻性,能够适应现代化建设的要求,同时要有中国特色,符合科学发展观的要求,以及构建和谐社会的需要。

4. 审计形象

审计形象是社会公众对审计工作的认知和评价,是审计文化在社会中的具体体现。良好的审计形象不仅能够提高审计形象、提升审计工作的社会认可度,还能够增强公众对审计工作的信任度。因此,塑造良好的审计形象对于提升审计工作的影响力和公信力至关重要。

综上所述,审计价值观、审计精神、审计思维和审计形象,共同构成了审计文化的四大支柱。每一个支柱都对审计工作的开展和审计效果的提升意义重大。审计价值观是审计人员行为的导向,审计精神是审计人员行为的动力,审计思维是审计人员行为的工具,而审计形象则是审计工作的社会反馈。这四个方面相互影响,共同塑造了独特的审计文化。

然而,审计文化并非一成不变,而是在实践中不断发展和完善。随着社会环境的变化和审计工作的发展,审计价值观也需要不断更新,审计精神也需要不断升华,审计思维也需要不断创新,审计形象也需要不断提升。因此,高校必须深入研究审计文化,理解审计文化的内涵和特征,把握审计文化的发展趋势,从而更好地推动审计工作的发展。

（二）审计文化的作用

审计文化，作为审计活动中的精神纽带，对于审计行业的发展具有深远的影响，既是审计实践的灵魂，也是审计行业发展的动力。具体而言，审计文化的作用主要表现在以下四个方面：

1.审计文化对审计价值取向的引导作用不可忽视

审计价值观是审计文化的核心，直接决定了审计行业的发展方向和目标。在审计工作中，正确的审计价值观能够引导审计人员秉持公正、公平、公开的原则，坚守职业道德，严格执行审计标准，确保审计工作的质量和效率。同时，正确的审计价值观也能够指导审计人员正确处理审计工作与社会公益、企业利益之间的关系，促进社会公正和经济发展。

2.审计文化对审计精神的塑造也起到了关键作用

审计精神是审计文化的灵魂，是审计人员在工作中应具备的职业精神和道德素质。在审计工作中，强烈的审计精神能够激发审计人员的工作热情，提高审计人员的工作效率，增强审计人员的职业骄傲感。同时，强烈的审计精神也能够激励审计人员面对工作中的困难和挑战时，坚守职业道德，坚持公正公平，坚持不懈，直至完成任务。

3.审计文化对审计思维的培养同样起到了重要的推动作用

审计思维是审计人员进行审计工作的基础，是审计人员解决审计问题的重要工具。审计文化能够通过培养审计人员的独立思考能力，批判思考能力，创新思考能力，系统思考能力等，来提高审计人员的审计思维能力，使审计人员能够更好地应对审计工作中的复杂情况，更好地解决审计工作中的难题。

4.审计文化对审计形象的塑造也起到了重要的作用

审计形象是社会公众对审计工作的评价和认知，是审计工作的社会反馈。良好的审计形象能够提升审计工作的社会认可度，增强审计工作的社会影响力，从而为审计工作的顺利进行创造良好的社会环境。审计文化的深入推广和普及，可以让社会公众更好地理解和接受审计工作，形成对审计工作的正确认知和支持，进一步提升审计行业的公信力和影响力。在某种程度上，良好的审计形象也是审计人员职业自尊和职业满足感的重要来源，有利于激励审计人员投入审计工作中，提高审计工作的效率和质量。

此外，审计文化的建设和发展，不仅对审计工作本身有着重要影响，也对社会经济的稳定和发展具有深远的意义。在经济全球化和市场经济的背景下，审计工作的重要性日益突出，审计文化的地位和作用也更加显著。审计文化的建设和发展，不仅能够提升审计工作的质量和效率，增强审计工作的社会影响力，也能够通过提高社会公众对审计工作的认知和支持，促进社会公正，维护社会稳定，推动社会经济的健康发展。

二、高校审计文化建设路径策略设计

（一）展现特色，突出创新

在高校审计工作中，审计文化建设必须能够体现出审计的特色，体现出审计工作的创新精神，以此形成具有吸引力和感染力的审计文化。

展现特色，是指审计文化建设要体现出审计的特殊性和个性。高校是知识创新和人才培养的重要基地，因此，高校审计工作不仅要关注经济效益，还要关注教育效益，注重对教育规律和教育公正的审计。因此，高校审计文化建设要突出教育审计的特色，注重以教育审计的视角和方式来审视和评价高校的各项活动，以此提升高校审计工作的专业性和权威性。

突出创新，是指审计文化建设要体现出审计工作的前瞻性和创新性。面对高校复杂多变的运行环境和日益严峻的审计任务，高校审计工作必须具备创新精神，勇于探索和尝试新的审计理念、方法和技术。因此，高校审计文化建设要弘扬审计创新精神，鼓励审计人员积极思考、勇于实践，以此推动审计工作的创新发展。

在建设路径策略上，高校应把握以下四个方面。

（1）要注重审计价值观的培育和弘扬，以明确审计工作的方向和目标，引领审计工作的发展。

（2）要注重审计精神的塑造和传播，以提升审计工作的内在动力，激发审计工作的活力。

（3）要注重审计能力的提升和改进，以提高审计工作的质量和效率。

（4）要注重审计形象的塑造和维护，以提升审计工作的社会影响力，赢得社会的理解和支持。

（二）以人为本，增强深度

1. 以人为本

在高校审计文化的建设过程中，"以人为本"的理念至关重要。这一理念不仅贯穿于审计工作的全过程，而且体现在审计文化建设的每一个环节，强调人是审计工作的主体，是审计文化的塑造者和传承者，也是审计成果的享受者。在以人为本的理念下，高校要更好地关注和尊重审计人员的需求和发展，激发他们的积极性和创造性，从而推动审计文化的创新和发展。

在此基础上，高校应当采取以下四个策略来实现以人为本的审计文化建设。

（1）培养和引导审计人员树立正确的审计价值观。高校要通过教育和引导，使审计人员深刻理解审计的社会价值和职业意义，坚守公正公平、公开公诚的审计原则，坚决抵制任何形式的腐败行为，树立良好的职业形象。

（2）完善审计人员的素质教育和培训机制。高校要注重审计人员的知识和技能培训，提高他们的审计专业素质和能力；同时，高校还要注重审计人员的道德修养和精神风貌的培养，使他们在执行审计工作时能够做到廉洁奉公。

（3）鼓励审计人员积极参与审计文化的建设。高校要尊重审计人员的主体地位，鼓励他们发挥首创精神，积极提出审计文化建设的创新意见和建议，共同参与审计文化的塑造和发展。

（4）通过举办各种活动和形式，普及审计文化，提高审计人员和社会公众对审计工作和审计文化的认识和理解。高校可以通过组织学习、讲座、研讨会、实践活动等多种形式，让审计人员和社会公众深入了解审计工作，感受审计文化的魅力。

2. 增强深度

"增强深度"是在以人为本的基础上，更深入地挖掘和提升审计文化的内涵和价值。这包括要深化审计理论的研究，不断提升审计工作的科学性和专业性；要深入探索审计实践的问题和挑战，不断提升审计工作的实效性和针对性；要深入研究审计伦理和审计精神，不断提升审计工作的道德性和人文性。

在增强深度的策略上，高校可以考虑以下四个方面：

（1）建立科学、系统的审计理论学习体系，以提升审计人员的理论素养。

这不仅需要高校关注和学习传统的审计理论，还需要高校关注和学习新的审计理论，特别是在数字化、智能化背景下的审计理论。

（2）加强审计实践的研究和总结，以提升审计人员的实践能力。这需要高校关注和总结审计工作中的成功经验和失败教训，以及审计工作中的新问题和新挑战，从而让审计人员在实践中不断成长和提升。

（3）弘扬和传承审计伦理和审计精神，以提升审计人员的道德素养。这需要高校关注和研究审计伦理的内涵和要求，培养审计人员的职业道德和职业精神，特别是在面对诱惑和压力时，坚守公正公平、公开公诚的审计原则。

（4）通过审计文化的建设，提升审计工作的影响力和公信力。这需要高校注重审计文化的塑造和传播，用生动具体的审计故事和案例，展示审计工作的价值和意义，提升社会对审计工作的认同和支持。

（三）落实教育变革，增强感染力

在高校审计文化建设中，落实教育变革，增强感染力是至关重要的。教育变革可以帮助审计人员更好地理解并实践审计原则和价值观，而感染力则是通过吸引和激发审计人员的热情和投入，进一步推动审计文化的深入发展。

对于教育变革，高校首先需要在审计教育的内容和方式上进行改革。在内容上，高校需要关注新的审计理论和方法，特别是在数字化、智能化背景下的审计理论和方法。高校需要让审计人员了解并掌握这些新的理论和方法，以应对新的审计环境和挑战。在方式上，高校需要采用更加生动、实用的教育方式，如案例教学、模拟实操、互动讨论等，以提高审计人员的学习兴趣和实践能力。

同时，高校也需要在审计人员的道德教育上进行改革。高校需要让审计人员深刻理解和坚守审计伦理，特别是公正、公平、公开、公诚的审计原则。高校需要通过各种方式，如讲座、研讨会、心得分享等，让审计人员深入体验和实践这些原则，以提升他们的道德素养。

至于增强感染力，高校需要通过各种方式，展示审计工作的价值和意义，激发审计人员的热情和投入。高校可以通过举办各种审计活动，比如审计知识竞赛、审计实践分享会等，让审计人员在参与中感受审计工作的乐趣和成就感。高校也可以通过媒体，如新闻、社交媒体等，宣传审计的成功案例和优秀人物，激发审计人员的自豪感和归属感。

三、审计文化建设实践——审计文化节

审计文化节是一种专注于审计文化传播、审计知识普及和审计能力培养的系列活动。其目的是通过举办各类具有审计特色的活动，提高人们对审计工作的理解和认知，培养人们的审计技能和审计精神，进而推动审计事业的发展。

审计文化节的内容通常包括但不限于审计知识讲座、审计实践训练、审计案例分享、审计技能比赛、审计成果展示等。这些活动不仅能让参与者了解和掌握审计的基本知识和方法，体验和理解审计的实际工作，还能让他们感受到审计的价值和意义，激发他们对审计工作的兴趣和热情。

南京审计大学的"审计文化节"就是一个很好的例子，到2023年已经举办了十一届"审计文化节"。该文化节结合南京审计大学的审计特色，旨在推动审计文化的传播和发展。相关系列活动包括审计文化名师讲坛、讲解风采大赛、世界博物馆日的主题展、文创设计大赛和馆际交流活动等，内容丰富，形式多样。

审计文化节对高校审计文化建设意义非凡。审计文化节是一种能够为高校审计文化的建设注入活力的有效方式，有助于提升审计教育的内涵与品质。

这一活动不仅是一种教育方式，也是一种审计文化的传播方式。通过一系列活动可以有效传播审计文化，让更多的人了解和接触审计，增强大众对审计的认知和理解。这样，审计文化将不再是专业人士的专属，而是社会大众可以理解和接受的一种文化。同时，审计文化节可以通过各种形式的活动，使审计的理论知识和实践经验得以深入人心。在这样的背景下，审计文化不仅仅是一种理念，更是一种可以实际操作、可以实际感知的实践行为。这种实践性对于审计文化的传播和建设至关重要，因为只有将审计文化具体化，才能真正地发挥其价值。

因此，审计文化节是一种有效的高校审计文化建设方式，值得在更多的高校中推广和应用。

第二节 以媒体监督促进高校审计的路径构思

一、媒体监督为高校审计带来机遇与挑战

(一) 机遇

媒体监督在高校审计中起到的作用无疑是巨大的。新媒体的出现,为媒体监督审计工作开辟了新的途径,创造了新的发展机遇,极大地提高了审计工作的效率和效果。

(1) 新媒体作为信息获取的新渠道,大大提高了审计的效率。在审计前期,新媒体可以帮助审计机关快速、精准地收集审计线索。这些线索可能来自公众的举报,也可能来自网络舆情的监控。新媒体的广泛使用,使审计机关可以在较短的时间内获取大量的审计线索,从而有助于审计机关更准确地确定审计的重点和方向。

(2) 新媒体的舆论监督功能能提高审计的公信力。新媒体的普及使审计结果更容易被公众知晓,公众可以通过新媒体对审计结果进行监督,对审计机关的工作进行评价。这种公众的参与和监督,使审计工作更加透明,也提高了审计机关的公信力。

(3) 新媒体的互动功能使审计机关与公众的沟通变得更加便捷。通过新媒体,审计机关可以及时回应公众的疑问和关切,解答公众对于审计工作的疑惑。同时,公众也可以通过新媒体向审计机关提供审计线索,为审计工作提供帮助。这种互动,使审计工作更加接近公众,更加贴近社会。

(二) 挑战

机遇和挑战总是相携而至,媒体监督也为高校审计带来了部分挑战。例如,新媒体中的信息可能存在真实性和可靠性的问题,这需要审计机关有足够的能力和技术来验证。此外,新媒体的匿名性也可能导致一些恶意举报和虚假信息的出现,这对于审计工作来说无疑是一种挑战。因此,审计人员需要不断提高自身的能力和技术,以应对新媒体带来的挑战。

二、媒体监督引入高校审计的路径与注意事项

（一）媒体监督引入高校审计的路径

媒体监督在高校审计中的引入是一种创新和进步的尝试，但这个过程不会一蹴而就。需要高校审计机构与媒体以及公众之间建立起一种新的互信机制，并在实践中不断调整和完善。以下将详细探讨引入媒体监督的路径。

1.高校审计机构需要充分认识媒体监督与审计工作的差异，并善加引导

虽然媒体监督与高校审计在基本原则上有所区别，但这并不意味着它们不能相互补充。媒体拥有快速形成舆论压力并产生社会效应的优势，而审计则需要坚持合法程序和客观谨慎的态度。这种差异并不是阻碍，反而可以被看作一种潜力，高校审计机构可以借助媒体的力量，更好地实现审计目标。

2.高校审计机构需要探索适合的方式引入舆论监督

可以从重点、大型和社会影响度广泛的项目入手，探索引入媒体跟踪采访的方法。同时，高校审计机构也应该建立一套完善的应急响应机制，以应对可能出现的舆论危机。当面临舆论危机时，高校审计机构应及时启动应急响应机制，与相关部门联手，树立透明的审计形象，防止舆论危机升级。

3.高校审计机构需要尊重公众的知情权，并充分关注公众对审计工作及结果的反映

审计结果不仅是高校审计机构的工作成果，也是社会公众的知情权。因此，高校审计机构应遵循相关指导意见公开审计结果，接受社会公众的监督。同时，高校审计机构也需要重视公众的意见反馈，这既可以帮助高校审计机构了解审计工作的不足，也可以增加公众对审计工作的信任度。

4.高校审计机构需要在实践中不断调整和完善引入媒体监督的方式

引入媒体监督是一种新的尝试，高校审计机构需要根据实际情况，不断调整和完善引入的方式和机制。只有在实践中不断探索和尝试，才能找到最适合的引入方式，使媒体监督能够在高校审计中发挥其最大的作用。

（二）媒体监督引入高校审计的注意事项

引入媒体监督是高校审计进步的必然选择。不过，引入媒体监督的路径可能会遇到一些困难和挑战，但只要高校审计机构坚持以公众利益为中心，不断

尝试和探索，一定能够找到适合自己的引入路径。

在媒体监督的引入，高校审计机构还应该注意以下三点。

1. 高校审计机构需要建立起与媒体的良好关系

高校审计机构应该积极与媒体进行沟通和交流，了解媒体的需求和期望，同时向媒体解释审计的目标和原则，使媒体能够更准确地报道审计工作。此外，高校审计机构也应该鼓励媒体对审计工作进行深入的报道和研究，以提高公众对审计工作的理解和认识。

2. 高校审计机构需要建立一个完善的信息反馈机制

高校审计机构应该建立一个反馈机制，对公众的意见和建议进行回应，这不仅可以增强公众对审计工作的信任，也可以帮助高校审计机构改进工作。

3. 高校审计机构需要提高自身的媒体素养

在新媒体时代，高校审计机构需要了解媒体的运作方式和规则，掌握与媒体沟通的技巧，以便更好地利用媒体的力量进行审计工作。此外，高校审计机构的员工也需要提高自身的媒体素养，了解如何在媒体面前表达自己的观点，如何处理媒体的询问和报道，以便在媒体面前更好地代表高校审计机构。

第三节　高校智能审计的创新发展与应用设想

一、智能审计的创新发展前景

在审计信息化建设中也会应用到人工智能技术，但受限于技术的发展进程，还未能实现大规模的深入应用。一旦展开人工智能的深入应用，那么，一个智能审计时代将会全面来临。因此，智能审计的创新发展前景十分广阔。

智能审计是指利用人工智能及相关技术对审计工作进行智能化改造的过程。这种改造主要包括审计数据的智能化处理、审计过程的智能化管理、审计结果的智能化分析和展示等。

智能审计的最大优势是可以大大提高审计效率，提高审计质量，降低审计成本。而这正是当前审计行业面临的主要难点和挑战，智能审计的出现将更好地改善这些难点和挑战。

（一）智能审计可以通过智能化处理审计数据，提高审计效率

在传统的审计过程中，审计人员需要花费大量的时间和精力来收集、整理、分析审计数据。但在智能审计中，这些工作可以通过人工智能技术来完成，极大地提高了审计效率。例如，人工智能可以通过机器学习算法来自动识别和分类审计数据，通过深度学习算法来预测审计风险，通过自然语言处理技术来理解和解析审计报告等。

（二）智能审计可以通过智能化管理审计过程，提高审计质量

在传统的审计过程中，审计人员的审计决策往往受到自身经验和知识的限制，审计质量也因此受到影响。但在智能审计中，这些问题可以通过人工智能技术来解决。例如，人工智能可以通过决策树、神经网络等模型来辅助审计员进行审计决策，通过反馈机制来不断优化审计策略，通过知识图谱来提供审计知识支持等。

（三）智能审计可以通过智能化分析和展示审计结果，提高审计价值

例如，人工智能可以通过数据可视化技术来展示审计结果，通过语义分析技术来解释审计发现，通过情感分析技术来评估审计影响等。这样不仅可以提高审计结果的可理解性和可信度，也可以提高审计结果的决策价值和影响力。

当然，智能审计的创新发展也面临着一些挑战，如数据安全和隐私保护、人工智能技术的准确性和可解释性、智能审计人才的培养和发展等。但是，只要能够妥善应对这些挑战，智能审计无疑将为审计行业带来深远的影响，为社会经济发展提供强大的支持。

二、智能审计的应用设想

在面向未来的智能审计应用中，有以下三个方面的应用设想需要高校探索和建设。

（一）构建共享与精准并重的智能审计平台

智能审计时代下，高校审计工作转型发展的首要步骤就是加强智能审计平

台的建设，构建一个能够实现数据信息共享与数字信息精准兼顾的科技审计平台。这种平台先要构建数据信息共享机制，这样可以确保审计信息的可靠性和时效性，从而提升审计工作的透明度、规范性和严谨性。另外，这个平台应当注重资源共享和理念交流，不断完善人工智能审计框架，为审计工作的智能化发展打下坚实的基础。

（二）强化人工智能在数据信息处理中的应用

在实际的审计工作中，审计人员需要处理大量的数据和信息。为了降低成本，审计团队可能会选择只使用一部分数据进行分析，这就可能影响到最终审计结果的准确性。因此，在这个问题上，人工智能技术的应用就显得尤为重要。人工智能技术可以帮助高校实现对各种信息数据的有效收集、处理和分析，这样就可以在所有的数据信息中找到最重要的信息，帮助相关人员更好地进行审计工作。

（三）将机器学习与审计经验结合起来

机器学习是现代人工智能的一个重要组成部分，使分析模型的建立进入自动化的程序。然而，机器学习的预测是否可靠，很大程度上取决于输入的历史资料的质量。也就是说，如果高校选择了错误的数据集，或者使用了不恰当的计算方法，那么机器学习的输出结果就可能存在问题。因此，为了实现审计的智能化和自动化，高校需要不仅及时收集到所有的审计数据，还需要反复进行数据处理，推导出可以广泛应用的公式。在这个过程中，高校需要格外注意的是，在数据库的选择和筛选中，任何一个数据的错误都可能导致最终分析结果的不准确。目前的人工智能技术还无法通过自我学习来避免这一问题，所以高校需要通过提升审计人员的业务水平和职业道德，减少劣质数据的产生。同时，高校还可以通过对数据的存储和分析，积累优质审计人员和专家的经验，以此来弥补人工智能无法代替职业判断的不足。

参考文献

[1] 李莉. 高校内部审计思考理论与实践研究 [M]. 长春：吉林大学出版社，2017.

[2] 中南民族大学审计处. 高等学校经济责任审计理论与实务指南 [M]. 武汉：武汉大学出版社，2019.

[3] 张建平. 内部审计学 [M]. 沈阳：东北财经大学出版社，2017.

[4] 王伟，王静，林文. 审计信息化 [M]. 北京：北京理工大学出版社，2020.

[5] 胡孝东，喻竹，孙一玲，等. 审计信息化 [M]. 北京：高等教育出版社，2016.

[6] 赵敏. 大数据环境下高校内部经济责任审计研究 [D]. 济南：山东财经大学，2020.

[7] 陈敏. 新时代高校内部审计优化研究 [D]. 昆明：云南财经大学，2022.

[8] 吴依琪. 高校领导干部经济责任审计研究 [D]. 南昌：江西财经大学，2022.

[9] 彭臻. 高校建设工程管理风险评价及审计应用研究 [D]. 兰州：兰州大学，2022.

[10] 张迪. 基于层次分析法的高校内部控制审计研究 [D]. 保定：河北大学，2022.

[11] 万文强. 高校基建工程跟踪审计监督质量提升研究 [D]. 天津：天津大学，2021.

[12] 杨凯. 基于内部控制的我国高校内部审计优化研究 [D]. 北京：北京交通大学，2016.

[13] 王艺诺.审计信息化在LGC高校内部审计应用中的案例研究[D].沈阳：辽宁大学，2019.

[14] 樊宇.高校内部审计信息系统设计与实现[D].成都：电子科技大学，2016.

[15] 江钰澍.A高校科研经费内部审计案例研究[D].北京：中国财政科学研究院，2022.

[16] 文琪.高校水电气管理内部审计研究[D].重庆：重庆大学，2020.

[17] 侯本忠，王威，黄松，等.基于区块链技术的数字化审计信任体系构建与应用[J].会计之友，2022（4）：153-161.

[18] 吴勇，余洁，王尚纯，等.人工智能审计应用的国际进展[J].中国注册会计师，2021（6）：121-126.

[19] 邓九生，王梦璇.政府审计信息化系统建设中的难点与对策——以天津市审计局为例[J].会计之友，2021（11）：133-138.

[20] 茹慧芳.高校新校区建设项目竣工结算审计的问题及应对措施[J].建筑经济，2021，42（S1）：120-123.

[21] 姚威，毛笛，胡顺顺.内涵式还是外延式：高校科研育人效率的实证分析[J].科技管理研究，2021，41（14）：89-96.

[22] 陈艳娇，应枫瑜，季子涵.内部审计信息化组织层面影响因素研究——基于江苏省问卷调查数据的分析[J].会计之友，2021（18）：117-123.

[23] 张庆龙，何佳楠，芮柏松.内部审计工作模式与信息化关系的历史演进——基于信息技术二重性理论分析[J].财会月刊，2022（2）：91-97.

[24] 胡璟懿，匡尢，张兰澜.电网企业数字化审计平台构建浅析[J].财务与会计，2021（4）：85.

[25] 周旭枚，楚尔鸣.内部审计职能、审计活动与目标实现——来自内部审计获奖论文数据的实证分析[J].会计之友，2021（19）：129-134.

[26] 董天一，王玉涛，孙才惠.社交媒体关注与审计质量——基于舆论压力视角的检验[J].审计研究，2022（2）：71-80.

[27] 刘荣莉.政府审计数字化管理系统能力成熟度评估与改进探析[J].财会通讯，2019（7）：105-110.

[28] 王瑜，胡霜霜.基于《大学》论高校审计职业道德教育[J].财会月刊，2021（6）：109-112.

[29] 张庆龙，何佳楠，芮柏松.新时期内部审计创新之路：从数据审计到智能审计[J].财会月刊，2021（22）：78-83.

［30］王帆，章琳，马振中.审计信息化程度影响审计师职业道德决策过程吗［J］.会计研究，2022（1）：173-186.

［31］梁晓珊，伍林蓉.数字化审计体系的构建及应用研究——基于业审融合理念与"大云物移智"技术［J］.财会通讯，2022（11）：139-143.

［32］石道元，朱天好，伍鸿旭.我国会计信息化研究：合作、热点及演进——基于科学知识图谱的研究［J］.会计之友，2022（17）：23-29.

［33］沈彦波，谢志华，粟立钟.新技术背景下的国有企业内部审计数字化转型升级［J］.财务与会计，2022（12）：36-42.

［34］唐锋.现代企业审计文化与核心价值体系构建［J］.社会科学家，2019（9）：64-68.

［35］李萍，盖霞."七一"重要讲话精神引领高校审计高质量发展［J］.会计之友，2021（22）：160-161.

［36］宋俊.协同治理视角下高校审计监督质效提升策略探究［J］.财会通讯，2023（1）：127-131.

［37］吴晓涵.基于"上云用数赋智"的公立医院智能审计系统构建［J］.财会通讯，2023（3）：148-152.

［38］罗小凤.高校审计人才队伍建设创新研究——以广东省为例［J］.财会学习，2022（5）：146-148.

［39］蒋楠.论人工智能时代国家审计变革与发展［J］.财会月刊，2022（11）：104-109.

［40］范琳琳，孟锦，董坤，等.基于人工智能的高校财务收支审计研究［J］.会计之友，2022（19）：18-23.

［41］李立国.从高校之制到高校之治：高校治理新进展［J］.国家教育行政学院学报，2022（10）：10-13.

［42］吴培惠.媒体监督、审计意见购买与IPO业绩变脸［J］.财会通讯，2022（23）：30-34.

［43］李志强，孙羽.关键审计事项披露、媒体关注与股价崩盘风险［J］.财会通讯，2023（1）：27-31.

［44］张凯.国家治理现代化视角下环境政策跟踪审计体系构建［J］.财会月刊，2023，44（3）：108-113.

［45］涂建明，刘慧中，田树铭.关键审计事项对财务信息质量的累积效应［J］.财会月刊，2023，44（4）：87-96.

［46］霍晓霞，周金娥.公立医院建设项目全过程跟踪审计质量评价研究［J］.中

国医院，2023，27（2）：13-16.

［47］袁爱媛，伍林生，刘宴兵．新时代高校内涵式发展的多元协同体系研究［J］．重庆高教研究，2023，11（1）：26-38.

［48］袁业虎，胡冰．百年来中国共产党领导下的审计监督精神探究［J］．会计之友，2023（3）：116-124.

［49］房巧玲，张雨菡，高思凡．信息化赋能与地区环境治理——基于省级审计机关的经验证据［J］．审计研究，2023（1）：27-38.

［50］耀友福，周兰．企业数字化影响关键审计事项决策吗［J］．审计研究，2023（1）：123-135.

［51］徐晨阳，陆纪一，开喆．数字化赋能会计师事务所降低审计风险的路径研究［J］．会计之友，2022（19）：12-17.

［52］侯金平．审计法修订及对高校内部审计的启示［J］．山西财经大学学报，2022，44（S2）：42-44.

［53］崔竹，李培培，李璨融．非现场数字化审计与现场审计协同路径创新［J］．财会月刊，2022（21）：86-92.

［54］代彬，聂军．"国际化+数智化"背景下高校审计学专业人才培养模式重构路径［J］．西部素质教育，2022，8（20）：98-101.

［55］邱爽，潘伟．数字化审计：技术、模式与应用［J］．财会通讯，2023（5）：18-23.

［56］陈雪仪．基于区块链技术的智能审计系统的构建及应用［J］．中国注册会计师，2023（2）：3，77-81.

［57］孙力，倪筱楠，工鼎皓．大数据背景下高校审计人才培养模式探究［J］．现代审计与会计，2023（3）：36-37.

［58］郭檬楠，孙佩，王晓亮，等．国家审计信息化建设如何影响国有企业高质量发展［J］．外国经济与管理，2023，45（4）：54-69.

［59］张庆龙，邢春玉，芮柏松，等．新一代内部审计：数字化与智能化［J］．审计研究，2020（5）：113-121.

［60］邢春玉，李莉，张莉．内部审计：从数字化到智能化［J］．财会月刊，2021（2）：100-105.

［61］房巧玲，高思凡，曹丽霞．区块链驱动下基于双链架构的混合审计模式探索［J］．审计研究，2020（3）：12-19.

［62］张新鹏，冯均科，李之媛．数字化驱动下"增值型"内部审计模式的构建与实现［J］．财会月刊，2021（8）：110-116.

［63］倪敏，吕天阳，周维培. 审计信息化标准体系探讨[J]. 审计研究，2020（3）：3-11.

［64］张庆龙，何佳楠，顾青青，等. 场景审计：数字化时代商业银行内部审计工作模式[J]. 审计研究，2021（4）：119-128.

［65］李壮成，黄明东. 应用型本科高校内涵式发展：价值、逻辑与路径[J]. 四川轻化工大学学报（社会科学版），2020，35（3）：73-86.

［66］牙臻怡. 增值型内部审计、文化距离与境外投资风险——以国有企业为例[J]. 财会通讯，2019（22）：34-39.

［67］王彪华. 新形势下国家审计职能定位研究[J]. 中国软科学，2020（11）：162-171.

［68］杨硕，樊文英. 高校领导干部经济责任审计风险管理研究[J]. 财会通讯，2020（1）：120-123.

［69］安锦，徐跃，陈文川，等. 新时代背景下国家审计的职能定位与实现途径研究[J]. 财会通讯，2020（1）：17-22.

［70］杨诚，蔡俊杰，李娟，等. 高校中层领导干部经济责任审计研究——基于W高校2018年离任审计项目[J]. 财务与会计，2020（13）：47-50.

［71］刘晓华，陈莉，刘琴. 高校内部审计人员面临的挑战和抉择——基于审计信息化趋势[J]. 财会通讯，2021（3）：172-176.

［72］张键琦，夏午宁. 高校内部审计创新研究——基于新《教育系统内部审计工作规定》视角[J]. 会计之友，2021（20）：116-121.

［73］湛灿霞，宋晓睿. 财务在线稽核与数字化审计的协同作业探析[J]. 财务与会计，2019（8）：70-72.

［74］谭建立. 中国审计文化历史变迁的特征探讨[J]. 审计研究，2018（2）：32-39.